◎ 杨晓明 著

农业循环经济发展模式理论与实证研究

A

Theory and Demonstration Study
on Patterns of Cyclical Economic Development
of Agriculture in China

ZHEJIANG UNIVERSITY PRESS
浙江大学出版社

纵观世界农业发展史,农业生产主要经历了古代原始农业、近代传统农业以及二战后现代农业三个阶段。现代农业有三个重要特点:一是生物科学的发展和杂交优势理论的应用,二是化学肥料和农药的发明和生产,三是机械化和半机械化农具的广泛应用。这三大类技术的交织和综合,为农业生产开创了一个新纪元,使农作物和畜禽产品大幅度增长。现代农业阶段可分为 20 世纪 70 年代以前的"石油农业"时期和 70 年代开始的生态农业时期,即农业循环经济的萌芽阶段。"石油农业"的基本思想是最大限度地向农业生产投入机械能和化学能,以能量的高投入谋求农业的高产出。"石油农业"曾显示出极大的优越性:劳动生产率、单位面积产量得到大幅度提高,病虫害损失减少。但此后出现了一系列严重问题:能源紧张加剧、自然生态被破坏、环境污染严重等。实践证明,传统农业与"石油农业"不是农业现代化的必由之路。

新中国成立以来,特别是改革开放以来,我国农业获得了长足的发展,取得了举世公认的伟大成就,成为我国在新世纪全面建设小康社会的重要物质基础。在全面推进我国农业发展的同时,我们也面临着农业生态环境不断恶化和农业市场竞争日趋激烈等主要问题的困扰。一方面,享受现代工业的成果,生产过程中大量运用农业机械,施用化肥、农药,农业劳动生产率大幅度提高,农产品产量大幅度增长;另一方面,过多施用化肥、农药,使用塑料薄膜,造成土壤质量下降,农产品农药残留量增多,使食用安全性受到影响。农机具及石油燃料的广泛应用增加了对大气的污染。养殖业的迅猛发展造成了畜禽粪便无法全部用作农家肥,处理不当又造成了新的污染。家庭新型燃具的使用,影响了秸秆的充分利用。过去的生产方式已演变为资源—产品—废物的直线生产方式。面对这些问题,也有不少地方在努力开发利用农产品可食用部分以外的资源,积极探索循环利用的新途径,但并未上升到建设循环农业的理念。我们认为,努力发展农业生产,既要不断改善农业环境,又要保护和利用好农业资源环境,大力繁荣农业经济,促进农村社会全面发展。这就必须坚持生态环境系统和社会系统的协调共进,坚持农业持续发展的基本方针,走农业循环经济发展道路。

然而,中国作为发展中国家,用什么模式来发展农业循环经济是一个重中之重的问题。中国除了各地差异巨大外,还面临着不同于发达国家的发展背景。一方面我们缺乏发达国家发展所具备的殖民地和全球生态资源背景,也缺乏发达国家现实的资本、科技和人力资源优势;另一方面没有可供转嫁污染产业的更大的空间和回避社会问题的余地。结合中国具体国情,我们认为,从微观层面看,发展中国农业循环经济只能走内生模式,从各地具体情况出发,发展各具特色的不同循环经济模式,如北方"旱作农业和塑料大棚+养猪+厕所+沼气"四位一体生态农业模式、南方以养殖业为龙头的"猪—沼—果"生态农业模式;平原农林牧复合生态模式、草地生态恢复与持续利用生态模式、丘陵山区小流域综合治理模式、观光生态农业模式等 。从路线图看,中国应从大力发展"家庭绿岛"式的微循环,企业为主体的小循环模式着手,逐步发展并扩大农业循环经济示范园区,最终,把农业与其他产业密切结合起来,实现全社会的大循环。

本文共分为 10 章。第 1 章是绪论。阐述了国内外农业循环经济的研究现状。第 2 章是农业循环经济基本理论研究。一是阐述了农业循环经济的理论基础;二是分析了农业循环经济的基本内容。第 3 章是农业循环经济历史溯源及发展脉络研究。主要分析了三个内容:古代农业循环经济观念的产生、现代农业循环经济发展的历史脉络以及农业循环经济发展趋势分析。第 4 章是农业循环经济发展经验总结与借鉴。首先,对国外农业循环经济发展经验进行了总结。主要对美国、以色列、德国、日本等国家和地区农业循环经济发展模式的总结;其次,对国内农业循环经济发展经验进行了综合分析。主要包括多国内现有的四位一体型发展模式、立体复合型发展模式、农副产品再利用发展模式、农村庭院型发展模式等进行总结和分析;最后,结合以上两方面的分析,归纳了农业循环经济发展的经验借鉴。第 5 章是我国农业循环经济发展现状研究。主要研究了以下内容:一是我国农业循环经济发展现状;二是我国农业循环经济发展存在的障碍分析;三是我国农业循环经济发展存在障碍的原因分析。第 6 章是农业循环经济发展模式构建研究。首先对农业循环经济发展模式构建进行了研究,其次,结合国内外实践,针对我国国情设计出相应的农业循环经济发展模式。第 7 章案例研究——江西赣州农业循环经济发展模式设计,根据赣南的实际情况,合理设计该区域的不同类型的小循环模式。第 8 章是案例研究—浙江宁海农业循环经济发展模式调研。通过对该区域的调研,从循环经济理论角度出发,提炼出该区域农业循环经济发展的模式,并进行效应分析。通过实践检验了中国农业循环经济发展模式设计的合理性。第 9 章是农业循环经济发展模式的运行机制及制度设计研究。一是农业循环经济发展模式的内部运行机制,主要包括经营机制、融资机制、技术机制、规划机制、评价机制等;二是农业循环经济发展模式的外部促进机制,主要包括政策支持机制、法律保障机制、宣传引导机制、农业中介机制、外部激励机制等。在此基础上对农业循环经济发展模式进行了制度设计。第 10 章是结论与建议。通过对全文的总结得出本研究的总体结论,并对农业循环经济发展以及农业循环经济后续研究进行了展望。

C 目 录 ....
ontent

01 导　言

　　世界农业的发展大致可以分为古代原始农业、近代传统农业以及二战后现代农业三个阶段。原始农业的特点是采用刀耕火种和轮垦种植的耕作制度。传统农业以使用耕犁为代表，同时发明了用选择农作物和牲畜良种来改善农作物和牲畜性状的技术（卞有生，2005）。而现代农业则有三个重要特点：一是人类能够通过育种手段，选择和培育出种类繁多、高产优质的农作物和畜禽新品种，摆脱了对天然品种的依赖。二是化学肥料和农药的发明和生产，建立了农用化学工业，提供了农作物所需养分和减轻了病虫草的危害。三是以现代工业技术和设备武装农业，实行区域布局、专业化生产、集约化经营，显著提高劳动生产率和土地利用率（刘青松、张咏、赫群英，2003）。现代农业的发展使人类获得了巨大的物质财富，但在农业经济获得巨大成绩的同时，我们看到了大自然满目疮痍的面孔，各种生态灾难的不期而至，还有人类文明的衰弱与消亡……农业经济的本质到底应该是什么？我们理应厘清思路，探寻本源，选择一种合理的农业经济发展模式。

1.1　问题的提出

　　农业是国民经济的基础，是维持一个国家生存的必要条件。农业不仅为人类提供赖以生存的粮食及一些生活消费品，也为工业和第三产业提供大量的生产原料，同时也是工业和其他产业消费品的巨大市场。农业可持续发展是人类社会和经济可持续发展的基础，也是落实以人为本，全面、协调、可持续的科学发展观的重要组成部分。农业的兴衰直接影响到国民经济其他部门的发展，农业是否可持续关系到整个国民经济的可持续问题。[①] 如何解决农业污染,在促进农业快速发展、增加农民收入的同时又不致破坏农村生态环境,是实现我国农业可持续发展面临的关键性问题。而农业循环经济是全面实施农业可持续发展战略的核心部分,与整个社会经济的可持续发展是密切相关的,因此,发展农业循环经济,构建有中国特色的农业循环经济发展模式是一条最为现实有效的应对策略。

我国是一个历史悠久的农业大国,13 亿人口中有 8 亿是农民,从某种程度上讲,农业现代化发展决定着我国整个社会现代化发展的进度。改革开放以来,我国经济社会取得了快速发展,农业也取得了巨大进步。进入新的发展时期,农业是我国 21 世纪全面建设小康社会的重要物质基础。现代工业、科技的发展,很大程度上提高了农业生产条件,生产过程中农业机械、化肥、农药的使用,使农业劳动生产率大幅提高,农业产量不断增长,但同时也带来了一系列资源和环境问题,化肥、农药的过度使用,造成水、土壤等农业资源质量不断下降,并导致农产品农药残留量超标,严重影响了食品的食用安全性,从而影响了农产品出口贸易,甚至威胁人们的生命安全。此外,农村面源污染程度也不断加剧,森林、土地、水等资源消耗问题及由此带来的环境压力日益严重。农业发展由资源约束逐渐转变为资源、环境和市场的多重约束,农业资源环境压力日益加大,严重制约着农业综合生产能力的提高(宫本宪一著、朴玉译,2004)。因此,努力发展农业生产,既要不断改善农业生产条件,又要保护和利用好农业资源环境,这就必须要坚持生态环境系统和社会系统的协调共进,坚持农业可持续发展的基本方针,走农业可持续发展道路。

现代社会的发展给人类带来空前的物质文明,与此同时,两次世界性的能源危机造成的经济增长与资源短缺之间的突出矛盾,引发了人们对传统经济增长方式的深刻反思。传统经济走的是"先污染,后治理"的发展道路,采取的是被动的、消极的"末端治理"污染物处置方式,因此人们逐渐开始强调从生产和消费的源头上防止污染产生,注重资源的高效循环利用和污染的源头防控的循环经济模式呼之欲出。[②] 尤其是近年来,循环经济作为人类社会发展史中一种新型的资源利用模式与理念,正越来越被接受和认可。循环经济以资源节约、资源循环利用和保护生态环境为特点,是一种可持续的经济发展模式,它的产生是对传统的不可持续生产方式的一种变革。农业发展过程中所面临的环境污染、生态破坏、资源浪费等问题有待于运用循环经济原理与方法来解决(陶在朴,2003)。

---

① 于善波:《农业循环经济发展模式与对策研究》,《佳木斯大学社会科学学报》2006 年第 9 期。
② 戴丽:《云南农业循环经济发展模式研究》,《云南民族大学学报(哲学社会科学版)》2006 年第 23 期。

农业作为与人类自身消费最为贴近的产业有两大特点：第一，其先天性就是与自然生态环境紧密相连，参与整个系统的物质循环与能量转换；第二，农业产业系统包括种植业、林业、牧业、渔业及其延伸的农产品加工、农产品贸易与服务业、农产品消费等系统，这些子系统之间相互依存、紧密联系耦合成一体，这正是循环经济所强调的产业结构整体性特征，是建立农业生态产业链的基础。与其他产业相比较，农业生态经济系统更易于纳入自然生态系统的物质和能量循环过程中，建立循环经济发展模式，以推进农业产业整体协调发展。因此在循环经济理念下发展农业可以调整和优化农业的生态系统内部结构和产业结构，提高农业系统物质能量的多级循环利用，尽可能减少环境污染，使农业生产经济活动真正纳入到农业生态系统循环中，是实现生态的良性循环与农业可持续发展的有效途径。

　　一般认为，我国农业循环经济的发展是从生态农业发展开始的。20 世纪 80 年代初，我国开始发展生态农业，经过 20 多年的努力，取得了一定的成效。在我国的第一批生态农业试点中，形成了平原农林牧复合、草地生态恢复、生态畜牧业、生态渔业等发展模式，水土保持、土壤沙化治理及森林覆盖率有较大的改善和提高。但在发展过程中，对于农业可持续发展的重要性认识还有很大的不足，大多数地区的农业发展仍旧强调追求高经济收益，且政府对生态农业的资金支持较少，我国生态农业的发展与发达国家相比尚有很大差距（王莉，2006）。2004年初的中央一号文件提出了"对天然林保护、退耕还林还草和湿地保护等生态工程，要统筹安排，因地制宜，巩固成果，注重实效"、"要全面提高农产品质量安全水平"、"扩大无公害食品、绿色食品、有机食品等优质食品的生产和供应"等，政府开始大力推动生态农业的发展，扩大生态农业的实施范围和规模。20 世纪 90年代开始，我国一些地区开始尝试发展一些小规模的农业循环经济，如今逐渐形成规模，慢慢开始实现"资源—产品—消费—再生资源—再生产品"的环形流动。从根本上说，发展农业循环经济，是解决我国农业所面临的环境污染、生态破坏、资源耗竭问题，使我国的农业实现可持续发展的必然战略选择。

　　目前，世界农业循环经济发展过程中所采用的模式大致分为大农业型、生态恢复型和废弃物再利用型三种类型。由于各地农业主导产业、发展条件与经济社会状况的不同，各地发展农业循环经济所采用的模式及实现农业循环经济的途径有明显的差异。考虑到中国的实际现状，其基本国情是一个农村人口占60％以上的农业大国，农业的现代化进程决定着我国现代化的总体进程。"三农"问题不妥善解决，就无法完成党中央提出的在我国现代化进程中建设社会主义新农村、构建社会主义和谐社会的重大历史任务，更无法实现我国经济社会可持续发展的宏伟目标。因此,在我国广大农村推行农业循环经济,可以提高农民收入、减少农业引起的污染,增强农村的社会活力,是解决我国"三农"问题、推进社会主义新农村建设的有效途径。发展农业循环经济不仅可以产生巨大的经济效益,而且还会收到更重要的环境效益和社会效益。

基于此,本文认为,农业循环经济是以农业资源循环利用为途径,运用可持续发展思想和循环经济理论与生态工程学的方法,在保护农业生态环境和充分利用高新技术的基础上,在既定的农业资源存量、环境容量以及生态阈值综合约束下,从节约农业资源、保护生态环境和提高经济效益的角度出发,运用循环经济学方法组织的农业生产活动以及农业生产体系,调整和优化农业生态系统内部结构及产业结构,提高农业系统物质能量的多级循环利用,严格控制外部有害物质的投入和农业废弃物的产生,最大程度地减轻环境污染,使农业生产活动正真纳入农业生态系统循环中,通过末端物质能量的回流形成物质能量循环利用的闭环农业生产系统,实现生态的良性循环与农业的可持续发展。农业循环经济发展模式是按照生态学原理充分运用生物措施和工程措施,建立起多层次、多功能的生态系统,该系统以少投入获得高效益。国内外大量农业实践证明,把农业生态工程的食物链和农业经济系统的投入产出链科学地结合为一体,即可获得高效益,一方面可多层次综合利用各种农业生态系统的生物产物,创造出市场需要的商品,使价值多次增值;另一方面通过产出或加工链环节,使人工安排的农业生态系统食物链更加合理,各种有机物和废弃物得到多层次利用,生产出更多的产品投入市场,使农业长期处于"资源商品—资源"的良性循环之中。最终使整个生态农业生产系统良性循环,资源可持续利用,在有限的土地上生产出数量多且品质好的产品,并通过物质循环利用与加工使产品增值,提高系统的自身组织能力使自然资源增值,以维持系统生产的高效益,增强农业发展后劲。

以可持续发展思想为指导,运用生态学规律,重构人类社会经济活动的循环经济,正是响应可持续发展行动号召的新型经济发展模式的探索,它是可持续发展理念的必然产物,是对传统的不可持续生产方式的一种变革。农业作为直接利用自然资源进行生产的基础性产业,是人类对自然资源与生态环境影响和依赖性最大的第一产业,其可持续发展对整个国家和地区的可持续发展,起着至关重要乃至决定性的作用(王如松,2003)。我国农业可持续发展已被列入《中国21世纪议程》,并正在为我们制定农业发展战略、规划和具体决策指导方向。农业可持续发展是实施可持续发展战略的根本保证和优先领域,由于长期对农业的掠夺性经营,我国农业和农村生态环境问题日益突出。发展农业循环经济对解决困扰我国的"三农"问题,缓解生态环境压力,开发可再生资源和全面建设小康社会有着重要的意义。发展农业循环经济是把循环经济的基本原理应用于农业系统,找到实施农业可持续发展战略的根本途径、实现形式和技术措施(李文华,2003)。农业是国民经济的基础,农业的可持续发展是人类社会和经济可持续发展的基础,但农业循环经济在理论研究和实践推广中却没得到应有的重视。实际上,当前在我国发展农业循环经济,不仅具有相当的必要性和紧迫性,还具有现实可行性。扭转农村资源短缺、生态环境恶化的局面,突破农产品国际贸易壁垒,解决"三农"问题,贯彻和落实科学发展观乃至全面实现小康社会客观上都要求我们改变农业发展模式,发展循环经济。不仅如此,在我国发展农业循环经济,还有着深厚的思想基础及相当程度的理论、技术和经济可行性。

1.2　农业循环经济研究现状述评

1.2.1　国外研究状况

(1)国外关于循环经济的研究

循环经济的思想萌芽可以追溯到环境保护兴起的 20 世纪 60 年代。1962年美国生态学家卡尔逊发表了《寂静的春天》,指出生物界以及人类所面临的危险。当时,人类的活动对环境的破坏已到了相当严重的程度,但当时世界各国关心的主要是污染物产生后如何治理的问题,而没有考虑到废弃物的再资源化(王丽红,2005)。"循环经济"一词,首先由美国经济学家肯尼思·E·鲍尔丁提出,主要指在人、自然资源和科学技术的大系统内,在资源投入、企业生产、产品消费及其废弃的全过程中,把传统的依赖资源消耗的线形增长经济,转变为依靠生态型资源循环来发展的经济。其"宇宙飞船经济理论"可以作为循环经济的早期代表。但 20 世纪 70 年代以前,循环经济思想还是一种超前理念,人们更为关注的仍然是污染物产生之后如何治理以减少其危害,即所谓环境保护的末端治理方式。1972 年斯德哥尔摩人类环境会议发出的警示和 1992 年联合国环境发展会议签署的可持续发展宣言,促进了循环经济模式的出现。进入 20 世纪 80 年代,在经历了从"排放废物"到"净化废物"再到"利用废物"的过程后,人类开始采用资源化的方式处理废物,但对于污染物的产生是否合理、是否应该从生产和消费源头上防止污染产生这些根本性问题,大多数国家仍然缺少思想上的认识和政策上的举措(Islam,S. M. N.,2005)。总体说来,20 世纪七八十年代环境保护运动主要关注的是经济活动造成的生态后果,而经济运行机制本身始终落在人们的视野之外。到了 20 世纪 90 年代,可持续发展战略成为世界潮流,源头预防和全过程治理替代末端治理成为国际社会环境与发展政策的主流,人们在不断探索和总结的基础上,以资源利用最大化和污染排放最小化为主线,逐渐将清洁生产、资源综合利用、生态设计和可持续消费等融为一套系统的循环经济战略。

罗马俱乐部的第一个研究报告《增长的极限》,被后人称为"零增长"理论。该报告引起了世界广泛的激烈辩论,虽然褒贬不一,但其提出的五种发展趋势被人们归结为"人口、资源、能源、发展、环境",成为世人关注的全球性问题。《增长的极限》在唤醒世人的生态、资源、环境等意识方面功不可没,但对人类发展产生的悲观思想和"零增长"的停滞发展观是片面的错误观点。针对这一观点,美国经济学家肯尼思·E·鲍尔丁(Kenneth E. Boulding)提出了"宇宙飞船经济"理论。该理论的核心要点是:以"储备型经济"代替传统的"增长型经济"、以"休养生息经济"代替传统的"消耗型经济"、以"福利量型经济"代替传统的"生产量型经济"、以"循环式经济"代替传统的"单程式经济"。[①] 他认为,地球就像在太空中飞行的宇宙飞船,这艘飞船靠不断消耗自身有限的资源而生存,如果人们的经济活动超过了地球的承载力,就会像宇宙飞船那样走向毁灭。这意味着人类社会的经济活动不能为所欲为地开展,要考虑到地球的承载力,走人地和谐的发展道路(A·Macfadyen, 1970)。这种思想要求抛弃原有的单向的经济发展模式,代之以反馈型的经济发展模式。这在当时具有相当的超前性。该理论认为人类的生存环境是一个有限的整体,人类应当树立新的宇宙观和发展观。如果像过去那样不合理地开发利用环境资源,超过了地球的承载能力,就会像宇宙飞船超载那样易于崩溃和毁灭。因此,应该改变传统的由"资源—产品—废弃物"组成的单向流动的线性经济,而转向"资源—产品—废弃物—再生资源"组成的循环反馈型流程,使物质和能源在这个不断进行的经济环境中得到合理和持久的利用,从而把经济活动对自然环境的影响降到尽可能小的程度。该理论对现代可持续发展战略的形成起到了积极的促进作用。

循环经济概念的提出促进了20世纪70年代关于资源与环境方面的国际研究,将循环经济与生态经济联系起来(M. A. Cole, A. J. Rayner, 1997)。巴里康·蒙纳提出了"封闭的循环"的概念;加勒特·哈丁经过长期的研究,提出了传统线性经济中"公共食堂的悲剧"的命题;丹尼斯·米都斯亦提出"一个人的眼界局限于太小的领域,是令人扫兴而且危险的。一个人全力以赴,力求解决某些刻不容缓的局部问题,结果却发现它的努力在更大范围内发生的事件面前失败了

---

① 吴季:《循环经济的主要特征》,《人民日报》2003年4月11日。

……"。① 这些观点显示了对传统"单程经济"的猛烈抨击,将环境问题纳入经济活动加以充分考虑时方可实现,认为发展循环经济是最终途径(Wasile,2003)。但是,在 20 世纪 70 年代世界各国关心的问题仍然是污染物产生后如何治理以减少其危害,即环境保护末端治理方式,尚未充分认识到环境问题与经济增长相互作用和影响的关系,以及地球资源和环境容量的有限性等问题。

20 世纪 80 年代,循环经济进入发展阶段。国外学者从人类经济社会发展的未来和所谓"全球问题"的角度,进一步研究循环经济。随着朱利安·西蒙的《最后的资源》、甘哈曼的《第四次浪潮》、世界环境发展委员会编辑的《我们共同的未来——从一个地球到一个世界》,以及国际人与生物圈委员会出版的《人类属于地球》等研究成果的出现,人们更进一步认识到了环境污染的危害性。学术界将循环经济与生态系统相联系,拓宽了可持续发展的研究。克尼斯等人关于经济系统物质平衡的理论明确指出,为了保证在经济不断发展的同时,减少经济系统对自然系统的污染,最根本的办法是提高物质和能量的利益效率,降低污染物的排放量,为发展循环经济、促进生态经济系统良性循环开拓了唯一可行的路径。美国环境生态学家费鲁士不仅对经济系统的生物物理基础,即与人类经济活动有关的物质和能量流动与储存的总量进行研究,而且还坚持用非物质化的价值单位来考察实现系统良性循环中的经济现象,这对建立循环经济理念与探索循环经济模式有重要的意义。这一时期,人们注意到采用资源化的方式处理废弃物,思想上和政策上都有所升华。但对于污染物的产生是否合理这个根本性问题,是否应该从生产和消费源头上防止污染产生,大多数国家仍然缺少思想上的洞见和政策上的举措。也就是说,人们只注意到了如何治理经济活动造成的严重后果,却没有从问题产生的源头去研究。总的来说,20 世纪 70 年代至 80 年代环境保护运动主要关注的是经济活动造成的生态后果,而经济运行机制本身始终落在他们的研究视野之外。

到 20 世纪 90 年代,随着可持续发展理论的产生,循环经济发展进入实践阶段。人们认识到原有经济发展模式的不可持续性——是一种以牺牲资源和环境为代价的经济发展模式,从而积极探索一种可持续发展的经济模式,即一种不降低环境质量和不破坏世界自然资源基础的经济发展模式。可持续发展战略理念已成为广泛接受的选择,源头预防和全过程管理及控制从真正意义上取代末端治理而成为防止环境破坏和控制、改善环境质量的现代途径,零敲碎打的废物回收利用和减量化的做法才开始整合成为一套系统的、以避免废物产生为特征的

---

① 冯之浚:《循环经济与立法研究》,《中国软科学》2006 年第 1 期。

循环经济战略。罗伯特·艾尔斯指出了传统经济学中环境与自然资源在生产函数中被严重忽视的问题,指出生态重构思想:"这需要作出重大努力(政府必须扮演领导者角色)来封闭物质循环。资源廉价而劳动力稀缺的牧童经济是一种过去的事物,我们必须加速转向资源被重复使用的'飞船经济'……取而代之的是物质密集型产品将不得不为了修理、再利用、革新、升级、再生产和再循环而被重新设计。"此外,知识经济研究成为经济研究领域的热门课题,这使循环经济研究又包含了高科技产业化和学习型社会等内容。源头预防和全过程治理替代末端治理成为国际环境与发展政策的真正主流,提出以资源利益最大化和污染排放最小化为主线,以科学技术为依托,以绿色理念为指导,逐渐将清洁生产、资源综合利用、生态设计和可持续消费等组合成一套系统的战略模式。

目前,这种理论的转变表明,发达国家的循环经济理论已经从 20 世纪 80 年代的微观企业层面到 20 世纪 90 年代区域经济的新型工厂——科技工业园区层面,进入第三阶段——21 世纪宏观经济立法研究阶段。如德国于 1996 年颁布了《循环经济与废弃物管理法》。日本也相继颁布了《促进建立循环型社会基本法》、《资源有效利用法》等一系列法律法规。①

循环经济思想逐渐成为资源经济学、产业经济学、生态系统学以及环境科学等各大领域的研究热点,很多国家特别是在发达国家,循环经济作为实现经济与环境和谐发展的重要途径正在成为一股潮流和趋势,循环经济也从理论的研究转变为实践应用的研究,其中最典型的是德国、日本、美国、丹麦等西方发达国家。特别是近几年,可持续发展战略成为世界潮流,而循环经济正是实现可持续发展的唯一有效途径,它要求人们从生产到消费各个环节改变传统观念,遵循"3R"原则,强调资源的节约、资源的循环利用以及环境保护。循环经济的思想得到越来越多的重视,许多国家,特别是发达国家正在把发展循环经济,建立循环型社会,作为实现环境与经济协调发展的重要途径。

(2)国外关于农业循环经济的研究

循环经济农业由生态农业衍生而来,而生态农业在国外起步比较早,最早是在欧洲兴起,20 世纪 30—40 年代在德国、瑞士、英国、日本等国得到发展;20 世纪 60 年代欧洲的许多农场转向生态耕作,20 世纪 90 年代生态农业在世界各国有了较大的发展,不仅生态农业用地面积有了一定规模,其产品产值也在不断增加。在国外,农业循环经济源于"持续发展",是实施可持续发展战略的重要组成部分。20 世纪 40 年代后,随着发达国家将现代科学技术大规模地应用于农业

---

① 冯之浚:《循环经济与立法研究》,《中国软科学》2006 年第 1 期.

中,现代农业的发展产生了一些副作用。为了解决农业面临的困境,各个国家为此寻找新的出路。20世纪70年代后,发达国家先后出现了"有机农业"、"生态农业"、"自然农业"、"生物农业"、"生物动力农业"、"再生农业"、"超石油农业"、"超工业农业"等替代农业思潮。由于替代农业只强调资源和环境,反对使用化肥、农药等化学物质,生产率低,产品价格高,在生产实际中行不通。

在这样的背景下,农业循环经济应运而生。1975年,美国加利福尼亚州的科学家提出"可持续农业"并在加州大学成立"持续农业研究所"后,这一具有创新思维的农业发展模式迅速受到全世界的关注和重视。1981年,美国农业科学家莱斯特·布朗在其"*Building a Sustainable society*"中,系统阐述了可持续发展观,1981年世界银行最早提出持续农业。1984年,哥尔丹·道格拉斯编辑出版了"*Agricultural Sustainability in Changing World Order*",明确提出了"农业可持续性"问题,1985年美国最早把"持续发展"思想应用于农业,1986年美国通过了《可持续农业法案》。1987年世界环境与发展委员会提出了"2000年转向可持续农业的全球政策"。1989年联合国粮农组织(FAO)第25次大会通过了有关持续农业发展活动的决议。1991年4月FAO在荷兰登博斯举行有124个国家参加的"农业与环境"国际会议并通过了《登博斯宣言》,提出了"持续农业与农村发展"的战略决策。1991年9月在联合国总部成立了世界可持续农业协会。1992年6月在里约热内卢"全球环境与发展"首脑会议上通过了《世纪行动纲领》,正式提出"持续农业与农村发展"。从此,循环经济与农业发展真正地实现结合。

在国外,许多国家都已开始农业循环经济的实践,在研究农业持续发展的进程中,提出了"替代农业"一词,它与循环型农业有共同特征和发展目标,是一种既能使农业持续发展,又能永续利用资源、保护生态环境的农业模式。发达国家如德国、日本、丹麦、瑞典等发展农业循环经济十分重视保护农业生态环境和实现农业资源高效利用,从内容上看,主要是围绕农田营养问题和病虫及杂草控制这两大方面,而在实施中则主要依靠科技手段和工业提供的装备,如节水灌溉(喷、滴灌等)设备,提高肥料利用率的技术与装备,少污染、高效低毒农药施药技术与装备,农业保护性耕作(少耕、免耕)机械,秸秆综合利用装备,有机肥等。德国是发展循环经济较早、水平较高的国家,是当今世界上最大的食品生产国和消费国之一(A·Haque, I. M. Mujtaba, J. N. B. Bell, 2000)。德国要求在农业生产中不使用化学合成的除虫剂、除草剂;不使用易溶的化学肥料,而是有机肥或长效肥;利用腐殖质保持土壤肥力;采用轮作或间作等方式种植;动物饲养采用天然饲料;不使用抗生素,不使用转基因技术。

从研究方向来看,国外对农业循环经济的研究,侧重从保护环境与人类健康的目的出发,比较分析石油农业带来的问题,重点从技术分析、制度建议入手,涉及农户行为、政府影响以及妇女所发挥的作用等内容,建立了相应的替代农业理论和一系列作为农业理论支撑的发展理论(Lambert A. J. D. , 2002)。Lopponburg 指出研究农村的社会学家将成为替代科学重建的积极中坚力量,并且农民掌握的乡村知识或本土知识将是后续农业科学发展的重要资料来源。Thirsk 把替代农业分成四个阶段,并认为在每一个阶段,替代农业在人口变动、对农产品需求变化的影响,以及通过贸易、旅游和殖民化所带来国外方法和产品的影响下,替代农业不断发展成熟。并且认为政策制定者和农民可以借鉴过去替代农业发展的知识,认清优劣之后可以被再次应用于实践的(Lingmei Wang, Jintun Zhang, Weidou Ni, 2005)。Thirsk 承认政府的政策有能力给替代农业带来有害或有利的影响,但在英国,政府很少提供主动的农业改革措施,农业改革主要来自于底层。另外,她认为妇女们在替代农业发展和保护农作物资源多样性中发挥着相当重要的作用,这个观点与 Virginia Nazarea 的很相似。Samuel Abaidoo, Harley DIChinson 通过实证分析,对北美萨斯喀彻温省西南部的两种农业模式(范例)进行探讨,主要从这两种农业模式的实践、信仰、价值、标准和农民的态度进行阐述(Niggli, U. , W. Lockeretz, 1996),发现不同农户系统支持不同的世界观,将农户分为 DSP 和 NEP 两类。建立了替代传统农业范例指数(Alternative—Conventional Agricultural Paradigm, ACAP)并认为 DSP—Versus—NEP 模型将成为修整环境政策的工具。研究结果还发现,有大部分农户认为市场的接受能力会促使环境友好型的农业生产行为。随着 NEP 的发展,在大范围内实行各类教育性的策略措施,将成为有效的政府策略的组成部分。还有大量研究学者对农户系统替代农业科学的微观生产行为进行了可持续性的研究。如 R. K. Heitschmidt, R. E. Short, and E. E. Grings 对农业、养殖业和可持续农业从广义的角度提出了作者的看法,并详细计算了数百头肉牛饲养系统的能量投入产出值,以测量这个生产系统的可持续程度,最后揭示了美国肉牛业仍是高度依赖石油能源发展的产业,在恶劣的环境条件下,投入产出仍处于低效率水平。研究人员指出,发展生物质能源,提高农业技术水平仍是当前农业发展的驱动力(Haque A. , I. M. Mujtaba, J. N. B. Bell, 2000)。Vinod Kumar 从基因和植物蛋白质的一个独特的表达剖面的技术性角度,研究了替代农业系统对 N、C 元素的有效利用和转移,提高了农作物抗病能力,延长了作物生命周期,保护生态环境。Virginia Nazarea 提到上千年的传统农业生产管理系统受到几十年发展的现代农业的冲击,快速地改变了传统农业生产方法和品种的多样性,逐渐转变为标准化的生产方式和单一作物品种,而动植物品种基因和乡村文化则更需要得到保护(Pearce,D. W.,R. K. Turner,1990)。在农业循环经济发展模式方面,发达国家经过近一个世纪的研究探索,通过实践构建了一些有效的农业发展模式,其中比较典型的有菲律宾的玛雅农场和瑞典轮作型生态农业模式(Qinghua Zhu,P. C. Raymond,2004)。玛雅农场从 20 世纪 70 年代开始,经过 10 年的建设,农场的农林牧副渔生产形成了一个良性循环的农业生态系统。农场为了充分利用面粉厂产生的大量麸皮,建立了养畜场和鱼塘;为了增加农场的收入,建立了肉食加工和罐头制造厂(Joy Ogaji,1997)。接下来,农场扩大规模,种植了稻田和经济林,饲养了猪、牛、鸭;为了控制粪肥污染和循环利用各种废弃物,农场陆续建立起十几个沼气生产车间,提供农场生产和家庭生活所需要的能源。另外,从沼渣中回收一些作为牲畜饲料,剩余做有机肥料,沼液则经藻类氧化处理塘处理后,送入水塘养鱼养鸭,最后取塘水、塘泥去肥田。农田生产的粮食又送面粉厂加工,进入又一次的循环。

1.2.2 国内研究状况

(1)国内关于循环经济的研究

我国对循环经济理论的研究起步较晚。20 世纪 90 年代后期,环境保护专家才开始正式引入循环经济的概念,作为一个专业概念在同行之间进行讨论。改革开放以后,我国经济迅速发展,但与此同时也引起了一系列的资源短缺和严重的环境污染问题,越来越成为阻碍我国经济继续快速发展的两个重要瓶颈,因此尽快寻找一种新的经济增长模式来代替目前的资源消耗型的粗放型经济发展模式以达到经济可持续发展的目的成为我国目前的主要任务,而循环经济正是实现经济可持续发展的一种有效途径(马其芳、黄贤金、彭补拙等,2005)。因此,当明确了循环经济概念之后,加上循环经济在国外的有效实践,循环经济很快成为经济学、生态学、环境学、系统学等研究领域的热点。我国自引入循环经济的概念到现在的推广应用,主要有以下四个发展阶段:

第一阶段,关于循环经济的概念理解。在这一阶段,国务院发展研究中心研究员周宏春、全国人大环境与资源委员会主任曲格平等分别从经济学、生态学、哲学等不同的角度对循环经济给出了定义。虽然每位学者对循环经济的详细理解或侧重点不同,但有一点是共同的,就是循环经济是以生态学、系统论、资源经济学和产业生态学为理论指导,以"3R"原则为基本准则,在可持续发展思想和生态经济建设的基础上延伸而成的,将清洁生产和废弃物循环利用融为一体,充分打造"资源—产品—消费—再生资源"的物质反复循环闭路流动模式,实现低投入、高效率和低排放的一种经济环境发展优化模式。

第二阶段，关于循环经济能否实现可持续发展的研究。循环经济的目的是为了实现可持续发展，但循环经济究竟能否实现可持续发展呢？江翔等学者系统探讨了循环经济与可持续发展之间的相互关系，通过借鉴国外的经验，以及我国不同区域循环经济发展的实践，论证了循环经济是实现经济可持续发展的有效选择。

第三阶段，关于循环经济理论下的生态示范园区的研究。循环经济实施应用的主要表现形式是生态示范园区，包括生态工业园区和生态农业园区。国际及国内目前对生态工业园区的研究比较多，而生态农业园区的研究则相对较少。国内关于生态工业研究主要集中在生态工业园区的概念、类型、特点等方面。郭建华等学者对循环经济理论下不同行业、不同地区的生态工业园区的建设问题做了研究。在理论研究的背景下，很多地区也展开了生态工业园区的实施应用，并在实践研究中，探索出了一些有效的生态示范园区建设的模式和建议。2001年8月31日，我国成立了第一个以清洁生产为基础的国家生态工业示范园区——贵港国家生态工业（制糖）示范园区。

第四阶段，有关循环经济法律法规方面的研究。循环经济是实现可持续发展的有效途径，但大多数人对循环经济还不是很了解，处于初步认识阶段，没有成为一种意识，因此必须通过制定法律规章制度加强循环经济的实施应用。2003年1月1日，我国第一部旨在促进循环经济发展的《中华人民共和国清洁生产促进法》开始生效实施。各个省市也纷纷把发展循环经济、建设循环型社会作为经济发展的目标。

（2）国内关于农业循环经济的研究

我国是一个农村人口占70%以上的农业大国，存在农业生产力低下、农村环境污染严重、农民人均资源贫乏等问题，自身发展的特点决定我国十分重视循环经济与农业生产的结合。循环经济本身就是一种生态经济，它模拟自然生态系统的运行方式，实现特定资源的可持续利用和总体资源的永续利用，促进经济活动的生态化。就农业生产本身而言，它是自然生态系统的组成部分，推行农业循环经济模式具有天然的适应性。我国就是以农业可持续发展理论和生态学理论为基础对农业循环经济进行研究的。[①] 1991年我国开展了"中国可持续农业与农村发展（SARD）试验示范县"建设工作。1992年全国农业区域规划委员会会同有关部委组织开展了"中国可持续农业和农村发展理论与实践"研究重大项

---

① 吴天马：《循环经济与农业可持续发展》，《环境导报》2002年第4期。

目,研究开发中国农业可持续发展的技术体系、政策体系以及资源可持续利用的管理战略。不同学者对我国农业可持续发展进行了广泛的探索。陈厚基、王道龙(2006)对 SARD 的理论和实践做了详细的研究分析,程序(2004)对可持续农业的理论做了系统的探索,徐逢贤、袁志清、蔡意中(2005)则分别对广东省、上海市等地农业可持续发展做了较详细的研究。总体来说,我国农业循环经济研究主要包括三个方面:一是农业生产集约化,从平面、空间、时间上多位利用土地;二是产业结构合理化,即调整产业结构,提高劳动生产率,进而提高经济效益;三是农业发展持续化,强调经济发展与环境保护相结合,保护资源,改善生态环境,优化生产条件。目前我国农业循环经济发展属于薄弱环节的农业领域,困难重重,实践普及面较小,深度不够,质量不高,而且缺乏系统指导和整体指导战略,管理未完全转移到企业清洁生产和区域产业联动上来;农业循环经济发展的政策不完善,法规建设滞后;可操作性不强,相关技术落后,未形成促进农业循环经济发展的科学应用技术和评价指标体系;农业循环经济在落后贫穷地区的开展较发达地区困难,广大农民监督及参与的意识不强等问题。

　　虽然国外已将循环经济应用于农业,但是并没有提出"循环型农业(或循环农业)"这一概念。这一提法其实是国内的创造。国内"循环农业"一词可能首现于 2002 年陈德敏的一篇文章。然而,该文对循环经济做了一些介绍,并没有给出一个明确的定义。真正正式提出"循环型农业"概念的应是 2004 年的两篇文献。文献一的观点:"循环型农业是运用可持续发展思想和循环经济理论与生态工程学的方法,在保护农业生态环境和充分利用高新技术的基础上,调整和优化农业生态系统内部结构及产业结构,提高农业系统物质能量的多级循环利用,严格控制外部有害物质的投入和农业废弃物的产生,最大程度地减轻环境污染,使农业生产经济活动真正纳入农业生态系统循环中,实现生态的良性循环与农业的可持续发展"(郭铁民、王永龙,2004)。文献二的定义:"循环农业是指运用生态学、生态经济学、生态技术学原理及其基本规律作为指导的农业经济形态,通过建立农业经济增长与生态系统环境质量改善的动态均衡机制,以绿色 GDP 核算体系和可持续协调发展评估体系为导向,将农业经济活动与生态系统的各种资源要素视为一个密不可分的整体加以统筹协调的新型农业发展模式"。比较两者不难发现,前者过于强调生态环境的保护,而忽视了经济发展的重要性,与过去的生态农业并没有本质区别;而后者考虑到要以经济建设为中心,保护生态环境是为了保障经济能持续稳定发展,因此,"运用生态学、生态经济学、生态技术学原理及其基本规律作为指导的农业经济形态",这一理解显然向循环经济的含义迈进了一大步,但表述上还可以更加完善一些。目前国内学者对农业循环经济的研究开始侧重其经济分析与评价方面(韩宝平、孙晓菲,2003)。如王军(2001)等应用经济增长理论和投入最优模型以及状态最佳指标,对农业循环经济的机制最优化理论进行了理论探讨,在要素投入、状态运行和效果方面构建模式提出构想。李茜(2002)对农业循环经济与传统经济系统和环境经济系统以及农业循环经济行为进行分析,并提出发展农业循环经济的环境经济政策。陈诗波(2005)等从社会、经济、生态整体协调发展的角度,对我国农业循环经济评价指标体系的构建进行了初步探讨,并就现状进行深入的剖析,提出了我国发展农业循环经济的对策和建议。

关于目前农业循环经济在我国的实践模式主要有:政府主导的大循环模式;农业循环经济示范园区为主体的中循环模式;企业为主体的小循环模式;"家庭绿岛"式的微循环。李志强(2005)认为农业循环经济发展模式主要有:立体农业循环模式,即利用农业生产体系内部物种之间的互惠互利、相克相生,使废物量排放最小,减少污染,改善生态环境;废弃物与资源循环模式,将废弃物、农副产品等经过一定的技术处理后变成有用的资源,再通过种植、养殖、加工等生产过程,生产出新的产品,即利用农业废弃物与农业资源之间的循环发展经济;能源与资源循环模式,即以沼气池作为连接纽带,通过生物转换技术,把农业或农村的秸秆、人畜禽粪便等有机废弃物转变为有用资源,然后进行多层次的种植、养殖,利用能源与资源之间的循环发展经济。其具体模式有:"三位一体"模式,即沼气池—猪舍(或牛舍、禽舍等)—鱼塘(或果园、日光温室等);"四位一体"模式,即沼气池—猪舍(或牛舍、禽舍等)—厕所—日光温室(或果园、鱼塘、食用菌等)等;产业链循环模式,即以产业为链条,将种植业、养殖业和农产品加工业连为一体,使上游产业的产品或废弃物转变成下游产业的投入资源,通过多层次产业间的物质和能量交换,在同一个产业系统中,提高资源和能源的利用率及农业有机物的再利用和再循环,从而使资源和能源消耗少、转换快,废弃物利用高,减轻环境污染。马江(2005)提出了循环型农业的几种发展模式:生物物种互利共生模式;物质多级循环利用模式;庭院经济与生态农业相互结合的设施农业模式。在建立农业循环经济发展模式上,兰州大学的邵波(2005)以甘肃省为研究对象,分析了在甘肃省发展农业循环经济的可行性,并针对甘肃的地理条件差异构建了甘肃省农业循环经济发展的区域发展模式和基层单元模式。陈祥义(2006)列举了发展农业循环经济的几种产业化模式:一是立体农业型;二是清洁能源型;三是再循环连接型;四是设施农业型;五是休闲观光型。姚天冲等(2006)研究归纳了现有可供推广的主要成功模式:分布于大都市郊区的"都市型循环农业模式";分布于中小城市郊区或大都市远郊区的"城郊型循环农业模式";分布于北方平原地区的"农区型循环农业模式";江南水乡农林牧渔结合循环发展模式;山区农业资源立体开发循环利用模式等。王莉(2006)提出农业循环经济三种模式分别为大农业型发展模式、生态恢复型发展模式和废弃物再利用型模式。宋亚洲、韩保年(2006)提出五种发展模式:"四位一体"型发展模式;立体复合型发展模式;农业副产物再利用型发展模式;农业生态恢复型发展模式;农村庭院型发展模式(王鲁明,2005)。昆明理工大学的仲崇峰(2007)分析总结了我国目前比较成熟的农业循环经济模式,同时以昆明市为研究对象,初步构建了昆明市发展区域农业循环经济发展模式,对我国建立农业生态园区具有一定的理论和实践上的指导。张学会等(2008)将农业循环经济发展模式归结为农业产业内部循环经济模式、跨产业循环经济模式、区域农业循环经济模式三类。农业产业内部循环经济模式具体包括农业复合型循环模式、农业生态保护型循环模式、农业废弃物循环再利用模式和产业链循环模式。跨产业的循环经济模式主要是指用循环经济的理念,将农产品加工业、餐饮服务业与农业整合在一起的农业循环经济模式。[①]区域农业循环经济发展模式主要是据分工原则,以区域资源优势为导向,以特色农产品和主导产业为中心,打通第一、二、三产业之间的联结,实施以发展生态农业为主的区域型循环经济发展模式。

循环经济在我国的应用主要是在工业上,关于生态工业园区建设,工业循环经济发展积累一定的理论和实践经验,但是循环经济在农业上的应用较少。2006年,中央一号文件强调指出,推进现代农业建设,强化社会主义新农村建设的产业支撑,必须加快发展农业循环经济。更多的学者加入了农业循环经济的研究行列,研究的一个显著特点是将农业循环经济发展与新农村建设紧密联系了起来。随着我国把"三农"问题,新农村建设摆在一个越来越重要的位置,在农业生产中发展循环经济,实现农业可持续发展也逐渐成为一个重要的研究方向和需要迫切解决的问题。

1.2.3　简要的评论

从以上所述可以看出,国内外学术界对农业循环经济及其发展模式作了许多研究,取得了不少研究成果。就国外来说,当前发达国家对可持续农业的研究已经越过概念的探索和开发阶段,进入实质性的研究和推行阶段,注重实践,注重探索常规现代农业向可持续农业过渡的条件,同时加强生态学及其与经济学等社会科学结合的基础性研究。在技术领域,侧重于提高农业生态系统的稳定

①　史小红:《循环农业及发展模式研究》,《河南教育学院学报》2007年第26期。

性、自我维持能力及持续性技术的微观技术研究（Roberts Brian H. 2004）。在国内，对农业循环经济的研究也取得了许多成果。然而，上述研究仍然只是初步的。目前，国内外有关循环经济理论与实践的研究还不能满足大力发展循环经济的理论与实践需要。包括我国在内的新兴工业化国家，在经历了"压缩型工业化"过程之后，面临着不同于发达国家的发展背景。一方面我们缺乏发达国家发展同期所具备的殖民地和全球生态资源背景，也缺乏发达国家现实的资本、科技和人力资源优势；另一方面新兴工业化国家出现了与快速工业化相伴生的复合型和多样性的环境问题和社会问题，我们同样没有可供转嫁污染产业的更大的空间和回避社会问题的余地。所有这些问题，都需要新兴工业化国家在发展过程中有效解决（李建林、严泰来，2007）。也就是说，起源于国外的循环经济理论其实只能部分地适应新兴工业化国家发展循环经济的需要，是狭义的，缺乏普遍的科学价值和实践意义。循环经济的中国实践需要理论与技术创新。2004 年12 月国家环保总局副局长王玉庆在环境与循环经济国际研讨会（天津）上发言，提出中国在循环经济实践过程中遇到的和全面推进循环经济过程中需要解决的五方面主要问题：一是循环经济的基础理论。如循环经济与可持续发展理论、生态经济理论、生态工业理论，特别是主流经济学理论之间的区别与联系；二是循环经济在国家经济、社会发展中的战略地位，循环经济与环境保护，生态建设的关系；三是循环经济的运行机制和实践模式；四是发展循环经济的制度环境与政策体系；五是循环经济的技术支撑等（黄绿箔、吕欣苗，2004）。诸大建教授（2004）在循环经济理论与实践研究过程中，也认识到发展循环经济不仅仅是废弃物回收利用的问题，而是需要从认识、政策、技术等方面深化循环经济的理论与实践，开拓性地进行理论创新、政策创新和技术创新。

总体而言，我国农业循环经济尚处于起步阶段，还没有形成一定的发展模式，缺少技术支撑和相关保障措施，研究相对比较薄弱。叶建龙（2000）、马慧（2002）、吴涛（2005）、王彩云（2005）、王海燕（2006）等学者就我国目前农业发展存在的问题提出了必须发展可持续农业，得出循环经济是发展可持续农业的有效途径，并对发展循环经济带来的社会效益、经济效益、生态效益进行了分析。目前我国对农业循环经济的研究仅局限于理论上需要发展循环经济的研究，而对如何发展农业循环经济，以及如何在循环经济理论下构建农业发展新模式的探讨和研究仍很少，相比日趋成熟的工业循环经济发展模式，农业循环经济处于一个相对薄弱的发展阶段。[①] 并且，目前学术界对农业循环经济的研究主要还

---

① 王如松：《复合生态与循环经济》，气象出版社 2003 年版。

是偏向于具体模式的结构功能研究,对模式构建的研究还比较薄弱,仅有荷兰自然控制研究所的 C. C. v. Ieeuwen 提出的从生态系统到生态设计的观点,以及马世骏(1998)将生态设计总结为农业生态工程实践中三个必须解决的问题之一,但并无统一的看法。本文将针对模式构建问题加以更深入的研究探讨。

02 农业循环经济基本理论

在长期的社会实践中,人们积累了丰富的生产经验。这些宝贵的经验经过反复实践检验,提炼出来成为进一步指导人们的行为规则。农业的发展由于历史漫长,有关农业经济的理论十分丰富。农业循环经济是近几十年发展起来的一个新兴理论,随着目前循环农业经济实践的不断推进,这一理论还在持续的完善之中。尽管如此,农业循环经济理论不是空中楼阁,有其极深的理论渊源。本章将对农业循环经济的基本理论进行回顾和总结。

2.1 农业循环经济的理论基础

2.1.1 循环经济理论

农业循环经济的理论基础是循环经济理论。循环经济思想肇始于人们对生态环境,尤其是对农业生态环境的关切。1962 年美国生态学家卡尔逊在《寂静的春天》一书中指出农业生产中不合理的农药使用引起的严重生态环境危害,提出解决危机可行的办法是选择"另外的道路"——"一条很少有人走过的道路,为我们提供了最后唯一的机会让我们保住地球"。1965 年和 1966 年美国学者波尔丁(Kenneth Ewert Boulding)接连发表两篇影响深远的论文(Earth as a Spaceship; The Economics of the Coming Spaceship Earth)。他认为,地球就像太空中飞行的宇宙飞船,其生存是以不断消耗有限的资源为基础的,如果不合理地开发资源,环境将遭到破坏,那么地球就会无可避免地走向毁灭。鉴于此,他提出了"物质闭环流动型经济"即循环经济的理念,初步从理论上指明了"另外的道路"。20 世纪 80 年代,循环经济理论日益成熟,逐渐为人们接受并迅速在国外付诸实践。90 年代循环经济思想传入我国,目前循环经济的定义众多,影响较大的是由马凯提出的:循环经济是一种以资源的高效利用和循环利用为核心,以"减量化、再利用、资源化"为原则,以低消耗、低排放、高效率为基本特征,符合可持续发展理念的经济增长模式,是对"大量生产、大量消费、大量废弃"的传统增长模式的根本变革(李孝坤,2006)。

(1)循环经济的内涵

循环经济观,是在全球人口剧增、资源短缺、环境污染和生态蜕变的严峻形势下,人类重新认识自然界、尊重客观规律、探索经济规律的产物。循环经济倡导的是一种与环境和谐的经济发展模式,它要求把经济活动组织成一个"资源—产品—再生资源"的反馈式流程,其特征是低开采、高利用、低排放。所有的物质和能源要在不断进行的经济循环中得到合理和持久的利用,以把经济活动对自然环境的影响降低到尽可能小的程度。循环经济需要产业发展的集群化和生态化。大量企业的集群,使集群内的经济要素和资源的配置效率得以提高,达到效益的极大化。在产业集群区域内,容易形成核心的资源与核心的产业,成为生态产业链中的主导链,以此为基础将其他类别的产业与之连接,组成生态产业网络系统。

循环经济是为实现物质资源的永续利用及人类的可持续发展,在生产与生活中通过市场机制、社会调控及清洁生产等方式促进物质循环利用的一种经济运行形态。循环经济是以资源的主动回收再利用为核心,依托于科技进步之上的,促进经济、环境与人类社会协调发展的运行状态。简言之,循环经济是资源循环利用为本质特征的经济形态。循环经济理论是立足于可持续发展的理论,从全局上追求经济、社会与资源、环境的协调而提出的新概念、新理论。循环经济的核心内容是资源的循环利用。循环经济的中心含义是"循环",强调资源在利用过程中的循环,其目的是既实现环境友好,也保护经济的良性循环与发展。"循环"的直义不是指经济的循环,而是指经济赖以存在的物质基础——资源在国民经济再生产体系中各个环节(包括消费与使用)的不断循环利用。[①]

(2)循环经济的基本原则

循环经济在发展过程中形成了"3R"原则。经济主体发展循环经济应遵循无害化原则和"3R"原则,无害化原则和"3R"原则体现出很强的实践性和操作性。

第一,无害化原则。这是发展循环经济最根本的原则,要求产品在完成其使

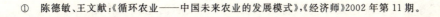

① 陈德敏、王文献:《循环农业——中国未来农业的发展模式》,《经济师》2002 年第 11 期。

用功能后尽可能重新变成可以重复利用的资源而不是有害的垃圾,这是发展循环经济的首要目标。

第二,减量化原则。减量化原则属于输入端方法(陈良,2006),用较少的原料和能源投入来达到既定的生产目的或消费目的,旨在减少生产和消费过程的物质量,从源头节约资源能源使用和减少污染物的排放。减量化原则为了达到既定的生产目的或消费目的而在生产全程乃至产品生命周期(如从田头到餐桌)中减少稀缺或不可再生资源、物质的投入量和减少废弃物的产生量。

第三,再利用原则。再使用原则是指资源或产品以初始的形式被多次使用,属于过程性方法,目的是提高产品和服务的利用效率,要求产品和包装容器以初始形式多次使用,减少一次性用品污染。再利用原则要求生产的产品及其包装可以被再三使用,还要求制造商尽量延长产品的使用期。

第四,再循环原则。再循环原则是指生产或消费产生的废弃物无害化、资源化、生态化,循环利用和生产出来的物品在完成其使用功能后能重新变成可以利用的资源,而不是无用的垃圾,属于输出端方法。再循环有两种,一种是原级再循环,即废品被循环用于生产同种类型的新产品,例如报纸再生报纸、易拉罐再生等;另一种是次级再循环,即将废物资源转化成为其他产品的原料。原级再循环在减少原材料消耗上达到的效率要比次级再循环高得多,是循环经济追求的理想境界。

(3)循环经济的特征

循环经济作为一种全新的经济发展模式,具有自身的独特特征。主要体现在以下几个方面:

第一,新的发展观。循环经济是按照生态规律运行、实行资源循环利用和清洁生产的经济形态,强调的是从不可持续发展向可持续发展转变。可以说,发展循环经济是树立和落实科学发展观的战略举措,是实现社会经济全面、协调和可持续发展的必由之路。

第二,新的系统观。循环经济的系统是一种由人、自然资源和科学技术等要素组成的系统。这是一个比传统的经济系统大得多的系统,它把生态环境、经济社会和科学技术看做是三个有机联系的、相互依存相互影响的子系统。在这个大系统内,资源投入到产品产出不再是一种单向的线形过程,而是一种循环的再利用过程。循环经济的系统要求人在考虑生产和消费时不再把自身置于这一大系统之外,而是将自己作为这个大系统的一部分来研究符合客观规律的经济原则,并且重视环境资源在系统中的重要作用,将"退田还湖"、"退耕还林"、"退牧还草"等生态系统建设作为维持大系统可持续发展的基础工作来抓。

　　第三,新的经济观。循环经济的经济观是把西方经济学的"最大化"发展为"最优化":优化人与自然的和谐相处,优化资源配置,优化自然资源的利用,优化自然生态环境;人类在组织生产和从事经济活动时,不但要考虑生产成本,还要考虑生态成本和环境成本。循环经济不是单纯地把效用最大化看做是来自产品和服务的消费,而是把优美和谐的环境也看做是人们获取效用的来源。循环经济发展的目标是实现人与自然的可持续发展,实现经济与社会的可持续发展。这就要求我们转变经济增长方式,走依靠技术进步来促进经济增长的发展道路。从另外一个方面来说,在传统工业经济的各要素中,资本和劳动力都在循环,而自然资源没有形成循环。循环经济观要求运用生态学规律,而不仅仅是用机械工程学的规律来指导经济活动。既要考虑工程承载能力,还要考虑生态承载能力。在生态系统中,经济活动超过资源承载能力的循环是恶性循环,会造成生态系统退化;只有在资源承载能力之内的良性循环,才能使生态系统平衡地发展。

　　第四,新的价值观。循环经济的价值观把人与自然环境的关系看做是相互依存、相互影响的,人和人类的经济活动不能脱离自然环境,而是融入自然环境之中的。循环经济观在考虑自然时,不再像传统工业经济那样将其作为"资源取料场"和"垃圾场",而是将其作为人类赖以生存的基础,是需要维持良性循环的生态系统(Haque A.,I. M. Mujtaba,J. N. B. Bell,2000)。人类不能仅仅把大自然看做是可利用的资源,而是要维持自然生态系统的良性循环。人类发展科学技术的目的是要节约自然资源,更有效地利用资源。在发展科学技术、提高生产力的过程中,不仅要考虑其对自然的开发能力,还要充分考虑它们对生态环境系统的保护和修复能力。在考虑人自身的发展时,不仅考虑人对自然的征服能力,而且更重视人与自然和谐相处的能力,促进人的全面发展。

　　第五,新的生产观。传统工业经济的生产观念是最大限度地开发利用自然资源,最大限度地创造社会财富,最大限度地获取利润。而循环经济的生产观念是要充分考虑自然生态系统的承载能力,尽可能地节约自然资源,不断提高自然资源的利用效率,循环使用资源,创造良性的社会财富。

　　第六,新的消费观。循环经济观要求走出传统工业经济"拼命生产、拼命消费"的误区,提倡物质的适度消费、层次消费,在消费的同时要考虑到废物的资源化,建立循环生产和消费的观念。同时,循环经济观要求通过税收和行政等手段,限制以不可再生资源为原料的一次性产品的生产与消费。循环经济的消费理念就是绿色消费。这种消费不仅要满足我们这一代人的消费需求,保证这一代人的消费安全和身心健康,而且要满足子孙后代的消费需求,并且不减少他们的消费需求,保证他们的消费安全和身心健康。

2.1.2 农业可持续发展理论

农业可持续发展要求在合理利用和保护自然资源、维护生态环境的同时,实行农业技术革新,以生产足够的食物和纤维,来满足当代人及后代人对农产品的需求,促进农业的全面发展。既要满足当代人需求,又不对后代人及其他复合系统需求构成危害(Qinghua Zhu,P. C. Raymond,2004)。它不仅要求农业生态潜力的持续,而且要求所提供的基础产品(农产品)和产出服务(环境服务)的持续。因此,农业可持续发展必须将农业系统作为一个整体,从整体的角度去分析。农业可持续发展的理论主要包括以下三部分:

第一,环境承载力理论。环境承载力理论是以某一区域整体环境(包括土壤、大气、水等)为对象,研究环境的整体特征,从中确定一定时期内区域环境对人类社会经济活动支持能力的阈值。农业环境承载力是农业环境系统结构特征反映。在一定时期内,农业环境系统在与外界进行物质、能量、信息等交换过程中,其结构和功能保持相对稳定,不会发生质的变化。由于构建农业循环经济系统而使农业环境承载力的质与量发生变动,将使人类的农业经济活动受到客观条件的制约。虽然农业环境承载力具有变动性,但这种变动性在很大程度上是可以由人类活动加以控制。人们在构建农业循环经济系统时,可以通过明智的、有目的的技术措施,在一定限度范围内改变农业环境系统的结构,增强环境承载力。

第二,农业区域系统观理论。农业循环经济的发展是一个带有全局性、长远性和综合性的问题,必须采取系统理论分析方法进行分析,即区域系统观理论分析方法。农业区域大系统是由若干个子系统结合而成的整体,但其性能不等于各个子系统特性的简单相加。大系统的各个子系统之间有着千丝万缕的联系。因此,必须同时研究其他子系统与农业循环经济系统的制约关系,因为农业循环经济系统之外的其他子系统都是该系统的环境,所以不能将其作为孤立事件处理,必须将该系统及其环境作为整体研究(Macfadyen A,1970)。与此同时,要因时因地制宜,避开可能风险,协调关键因素,综合利用农业自然资源。

第三,生态控制论理论。生态控制论是在生物控制论、智能控制论、经济控制论和社会控制论基础上逐渐发展起来的社会—经济—自然复合生态系统的调控理论。这是一门研究生态系统中信息的传递、变换、处理过程和调节控制规律的科学,主要包括循环再生理论、相生相克理论和自我调节理论。

2.1.3   农业生态学理论

农业生态学是运用生态学和系统论的原理与方法,将农业生物与其自然环境作为一个整体,研究其中的相互作用、协调演变以及社会经济环境对其调节控制规律,促进农业持续发展的学科。农业生态系统是人类为满足社会需求,在一定边界内通过干预、利用生物与生物、生物与环境之间的能量和物质联系建立起来的功能整体。这种系统的观点在于谋求从原料到产品整个物质循环和能量流动的资源、能量、资本的优化。农业生态学研究的基本内容可归纳为以下几方面:

一是研究农业生产活动与生态环境的关系。涉及资源和能源的综合利用;农业污染物的产生及其在环境中的扩散、迁移与转化;农业毒理学;农业污染的环境监测和评价(袁冬梅、刘建江、张显春,2006)。

二是探索农业生态化途径。开发与环境相容的农业生产技术,如生物技术;资源的高效利用,减少物料消耗,实现物料再循环;消除农业污染等。

三是生态原则运用于农业规划和管理。组织符合生态原则的供需链;调整农业内部结构比例,合理安排与周围环境相容的农业生产区位。可以认为,农业生态学是农业循环经济最基本的理论基础,农业循环经济也是农业生态学的核心内容之一。

在农业生态系统中,存在着生产者(各种农作物)、消费者(人和牲畜)和分解者(沼气池),利用生态系统食物链原理,来构建农业循环经济发展的"生产食物链"(如图 2-1)。各种农作物作为农业生态系统中的生产者利用光合作用和人工辅助能培育出供人食用的粮食、果菜和供牲畜食用的饲料,人和牲畜经过消化

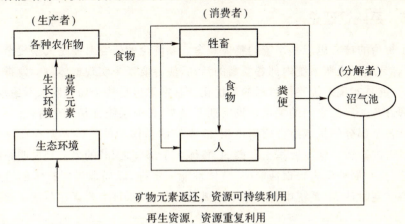

图 2-1　生态学原理下农业循环经济废物循环链的构建

后排泄的粪便则输入给"分解者"沼气池,通过沼气池的发酵,对粪便进行资源化再生处理,变为可以重新供各种农作物吸收的营养物质,返还给培育生产者的生态环境,形成一个闭路"食物链"——废物循环链。如此,把不同"消费者"的"消费产物"(废弃物)重新纳入经济循环系统,以实现最终污染废弃物"零排放"。

2.1.4 生态经济学理论

生态经济学以生态学原理为基础,经济学原理为主导,以人类经济活动为中心,围绕人类经济活动与自然生态之间相互发展的关系这个主题,研究生态系统和经济系统相互作用所形成的生态经济系统。简言之,生态经济学是研究社会物质资料生活和再生产运动过程中经济系统和生态系统之间的物质循环、能量流动、信息传递、价值转移和增值以及四者内在联系的一般规律及其应用的科学。生态经济所强调的就是要把经济系统与生态系统的多种组成要素联系起来进行综合考察与实施,实现经济社会与生态发展全面协调,达到生态经济的最优目标。

农业循环经济是运用生态经济规律来指导农业经济活动,是按照生态规律利用自然资源和环境容量,实现经济活动的生态转向。它要求把农业经济活动组成"农业资源利用—绿色产业(产品)—农业废物再生"的闭环式物质流动,所有物质和资源在经济循环中得到合理的利用。[①] 这其中所指的"资源"不仅是不可再生自然资源,而且包括再生资源;所指的"能源"不仅是传统能源,如煤、石油、天然气等,而且包括太阳能、风能、潮汐能、地热能等绿色新能源。它注重推进资源、能源节约,资源综合利用和推行清洁生产,以便把农业经济活动对自然资源的影响降低到尽可能小的程度。

2.1.5 系统论理论

系统论的核心思想是系统的整体观念。系统论的研究对象是大型复杂的系统,内容是组织协调系统内部各要素的活动,使各要素为实现整体目标发挥适当作用,目的是实现系统整体目标的最优化。基本思想是从全局出发来考虑局部,并处理好各个局部之间的关系。贝塔朗菲强调,任何系统都是一个有机的整体,它不是各个部分的机械组合或简单相加,系统的整体功能是各要素在孤立状态下所没有的新质。他用亚里士多德的"整体大于部分之和"的名言来说明系统的整体性,反对那种认为要素性能好,整体性能一定好,以局部说明整体的机械论的观点。同时认为,系统中各要素不是孤立地存在着,每个要素在系统中都处于

---

① 苏胜强、黄祖辉:《可持续发展理论及其模式》,《农业现代化研究》1999 年第 20 期。

一定的位置上,起着特定的作用。要素之间相互关联,构成了一个不可分割的整体。系统工程通常使用最优化技术,通过对一个系统的各个方面进行认真的分析与探讨,建立与之相关的数学模型,对其进行定量分析,为整个系统的优化合理配置各局部的组织结构。

根据这一原理,笔者认为,农业循环经济系统是由物质(原始资源和废弃物)循环的各个生产、消费环节所组成的一个有机整体,系统形成的同时也具备了各个孤立生产环节所没有的性质——生产废弃物的减量化、零排放和资源利用效率最大化,而且整体上达到外界能量输入最小化自我良好维持的平衡状态,产出最大化,从而实现其"整体大于部分之和"的功效,即循环经济系统的整体经济效益远远大于各个独立生产环节效益之和。

2.1.6 资源经济学原理

资源经济学认为,在人类进步与社会发展日益加大对自然资源需求的情况下,完全依靠自然再生是不可能的,因为自然再生相对于人类社会需求是很有限的。由于自然再生相对于人类社会需求的有限性,人类已从单纯地攫取和占有资源转向大力保护自然和加强资源再生的社会生产过程。在此理论基础上,提出了资源产业的概念,即是指从事资源再生产产业活动的生产事业。同时指出,随着科学技术的不断创新,"垃圾"已经不再是一种单纯意义上的垃圾,而是一种放错了位置的"资源"。这就为发展农业循环经济提供了最有说服力的理论基础。"垃圾"仅仅是放错了位置的"资源",一个生产者或消费者的垃圾对其本身而言或许是没有任何价值的,而对于其他生产者或消费者或许是必要的资源。比如,动物的粪便对其本身来说没有价值,而对于农作物来讲,确实是良好的有机肥料。这就为农业循环经济资源生态链的建立提供了可能性。从这个意义来讲,农业循环经济就是一个变废弃物为再生资源的循环生产过程,这也是农业循环经济发展的主要目的之一。在农业循环经济中,沼气池的建设就好比农业循环经济中一个重要的"资源产业"(如图 2-2),是农业循环经济中从事资源再生产产业活动的重要单位。

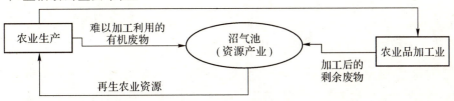

图 2-2 资源经济学原理下农业循环经济中的资源产业

2.1.7　三种生产理论

三种生产理论认为,随着环境污染与生态破坏等问题的出现,传统的关于人的生产与物质资料生产之间的两种生产理论的局限性逐渐显现出来,自然环境是人类生存与发展的基础,理应是人类生产系统的一部分,人与环境所组成的系统应包括人的生产、物质资料生产与环境生产三个层次,它们之间的关系成为三种生产理论的研究对象,是可持续发展的基本理论。

三种生产理论是以人类系统和自然系统的和谐、协调发展为中心思想,而这恰恰是循环经济的终极目标之所在,因此,三种生产理论从人类、环境的大系统角度,提出了农业循环经济发展方向、终极目标,是指导农业循环经济发展全程的基本纲领。此外,三种生产理论还是农业循环经济"把人类的生产活动纳入到自然循环中去"核心思想的理论来源。可见,三种生产理论是可持续发展的基本理论,而农业循环经济基本要求就是减量化和低排放,减量化是对人工辅助能投入的减量化,低排放是对周围环境污染的低排放,既协调了人的生产,也协调了环境生产。因此,农业循环经济是实现可持续发展的桥梁之一,理应是实现三种生产协调的桥梁(如图 2-3)。所以,三种生产理论和农业循环经济两者是互为依托,不可分割的辩证统一体。

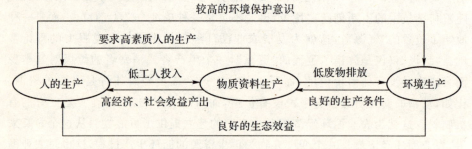

图 2-3　农业循环经济下的三种生产协调发展

2.2　农业循环经济的基本内容

2.2.1　农业循环经济概念的界定

目前学术界尚未形成农业循环经济的明确定义,有限的研究文献中较多的是从循环农业的状态描述角度,运用循环经济的一般原理,对循环农业的运行机理进行阐释。黄贤金(2000)认为,循环农业是在既定的农业资源存量、环境容量以及生态阈值综合约束下,从节约农业资源、保护生态环境和提高经济效益的角度出发,运用循环经济的方法组织的农业生产活动及农业生产体系,通过末端物质能量的回流形成物质能量循环利用的闭环农业生产系统。郭铁民、王永龙(2005)认为,循环农业是运用生态学、生态经济学、生态技术学原理及基本规律作为指导的农业经济形态,是将农业经济活动与生态系统的各种资源要素视为一个密不可分的整体加以统筹协调的新型农业发展模式。宣亚南、欧名豪、曲福田(2005)研究表明,"循环型农业"这一概念是国内首先提出的。他们将循环型农业定义为:"尊重生态系统和经济活动系统的基本规律,以经济效益为驱动力,以绿色 GDP 核算体系和可持续协调发展评估体系为导向,按照 3R 原则,通过优化农业产品生产至消费整个产业链的结构,实现物质的多级循环使用和产业活动对环境的有害因子零(最小)排放或零(最小)干扰的一种农业生产经营模式。"其实质就是要以环境友好的方式利用自然资源和环境容量,实现农业经济活动的生态化转向。李志强(2005)阐述了农业循环经济的含义和结构,认为农业循环经济就是把循环经济理念应用于农业系统,在农业生产过程和农产品生命周期中减少资源、物质的投入量,减少废弃物的产生排放量,实现农业经济和生态环境效益的双赢。姜保雨(2006)提出,所谓农业循环经济就是把可持续发展思想和循环经济理念应用于农业系统,在农业资源投入、生产、产品消费及其废弃的全过程中,把传统的依赖农业资源消耗的线性增长的经济体系,转变为依靠生态农业资源循环来发展的经济体系。楚永生、初丽霞(2005)提出,农业循环经济是在循环经济理念和可持续发展思想指导下出现的新型农业经济发展模式,它摒弃了传统农业的掠夺性经营方式,把农业经济发展与环境保护有机结合起来,从而成为农业经济和国民经济可持续发展的重要形式,农业循环经济要从宏观、中观和微观三个层次构建发展框架,并且需要相应的制度予以保证。熊瑶、罗琳晖(2005)阐述了农业发展循环经济的基本原则(即减量化原则、再使用原则、再循环原则以及再回收原则)和层次。农业循环经济包括 4 个层次:农产品生产层次——清洁生产;产业内部层次——物能互换;产业间层次——废弃物资源化;农产品消费过程层次——物质能量循环。宋亚洲、韩保年(2006)提出农业循环经济的基本内涵及其特征。认为农业循环经济就是把可持续发展思想和循环经济理念应用于农业生产领域。其特征是实现农业产业链物质和能量梯次闭路循环利用,对自然环境的影响减少到尽可能小的程度,从根本上协调人类和自然的关系,转变农业增长方式和农产品消费方式,促进农业的可持续发展。尹昌斌、唐华俊、周颖中(2006)认为,循环农业是一种全新的理念和策略,是针对人口、资源、环境相互协调发展的农业经济增长新方式,其核心是运用可持续发展思想、循环经济理论与产业链延伸理念,通过农业技术创新,调整和优化农业生态系统内部结构及产业结构,延长产业链条,提高农业系统物质能量的多级循环利用,最大程度地利用农业生物能资源,利用生产中每一个物质环节,倡导清洁生产和节约消费,严格控制外部有害物质的投入和农业废弃物的产生,最大程度地减轻环境污染和生态破坏,同时实现农业生产各个环节的价值增值和生活环境优美,使农业生产和生活真正纳入农业生态系统循环中,实现生态的良性循环与农村建设的和谐发展。

综上所述,笔者认为,农业循环经济(Agriculture Recycle Economy)是指尊重生态系统和经济活动系统的基本规律,以绿色 GDP 核算体系和可持续协调发展评估体系为导向,按照 3R 原则,运用可持续发展思想,把循环经济理论应用于农业系统,在农业生产过程和产品生命周期中减少自然资源、物质的投入量和废弃物的排放量,实现"投入品-产出物-废弃物"的循环综合利用,通过优化农业产品生产至消费整个产业链的结构,实现物质的多级循环使用和产业活动对环境的有害因子零(最小)排放或零(最小)干扰,最终走出一条科技含量高、经济效益好、资源消耗低、环境污染少,真正实现经济效益、社会效益和环境效益协调统一的农业可持续发展模式。即达到资源的低开采、低消耗、高利用和废弃物的低排放,从而实现"资源-产品-消费-再生资源-再生产品"的环形流动的目的,从根本上解决资源、环境与农业可持续发展之间的矛盾。这一概念将生态环境保护与农业经济建设融为一体。农业循环经济只是农业新的可持续发展模式,保护生态环境是为了提高经济质量,更好地建设经济;经济建设不仅要尊重经济规律,也要尊重生态系统的规律,两者相辅相成,不可偏废,这样经济建设才能持续长久。"以经济效益为驱动力"体现的是经济规律,在市场经济条件下,没有经济效益的经济活动将是不能长久的(除非政府持续补贴),也只有产生了经济效益才能更好地保护生态环境;"3R 原则"是循环经济的精髓,"零排放(或零干扰)"则是较为具体的可操作的环保目标。

农业循环经济是循环经济的一个分支,是循环经济理论在农业生产领域的应用与延伸,是仿照生态学规律改造和重构农业经济系统,通过对农业资源的循环利用来促进农业可持续发展的一种经济形态。在既定的农业资源存量、环境容量以及生态阈值综合约束下,从节约农业资源、保护生态环境和提高经济效益的角度出发,运用循环经济学方法组织农业生产活动以及农业生产体系,通过末端物质能量的回流形成物质能量循环利用的闭环农业生产系统。总体目标是在农业生产过程和农产品生命周期中减少资源、物质的投入量和减少废物的产生与排放量,加大对废弃物资源的循环利用,提高农业生产系统的产出量,实现农业经济和生态环境效益的"双赢"。本质特征是产业链的延伸和资源节约。其核心是实现农业资源的"减量化、再利用、再循环",实现途径是把农业经济活动组成一个"农业资源—农产品—再生资源"的反馈式物质运行流程,主要内容是把农业清洁生产、生态农业建设和提倡绿色消费融为一体,中心任务是将传统农业的资源消耗型线性增长方式转变为生态型循环发展方式,在节约资源、保护环境的同时发展现代农业,实现农业经济效益、生态效益和社会效益的协调统一。[①]

农业循环经济产业链条是由种植业、林业、渔业、畜牧业及其延伸的农产品加工业、农产品贸易与服务业、农产品消费领域等组成,通过废弃物交换、循环利用、要素耦合和产业链接等方式形成呈网状的相互依存、密切联系、协同作用的农业产业化网络体系,各产业之间通过中间产品和废弃物的相互交换而互相衔接,从而形成一个比较完整和闭合的产业网络,其资源得到最佳配置,废弃物得到有效利用,环境影响减少到最低水平。

农业循环经济有狭义和广义之分。狭义的农业循环经济是指单纯的农业生产内部的循环经济,如农业种植业和家禽畜牧业、渔业之间的循环经济;广义的农业循环经济不仅包括农业生产内部的循环经济,还包括延伸出来的农产品加工业与农业生产之间的循环,如水果加工后的果皮和果渣可以作为家畜的食料,通过过腹还田,提高土壤肥力等等。

需要指出的是,本文研究的农业循环经济有别于传统的"作物秸秆—牲畜—有机肥料还田"简单农业循环模式。传统的简单农业循环模式虽然有许多可借鉴之处,但毕竟缺乏必要的科学指导、技术支撑和统筹规划,是一种盲目的无组织、无计划的循环模式。而本文研究的农业循环经济是在新的系统论、生态经济学的指导下,在科学技术的支持下,在科学管理方式的共同协作下所展开的一种新型的农业经济运作模式,是一种更高层次更全面的农业循环。此外,在产业合作方面,传统的简单农业循环模式往往局限于农业系统内部的循环,忽略了与相关产业的混合。农业循环经济在不断提高农业产业化水平的基础上,从整体角度构建农业及其相关产业的生态产业体系。重点对农业系统内部产业结构进行调整和优化,通过与农业相关产业进行产品或者废弃物交换而相互衔接,使农业系统的简单食物链与生态工业链相互交织构成产业生态网络,实现农业生态系统层次和区域层次的资源多级循环利用及生态的良性循环。

---

① 王如松:《复合生态与循环经济》,气象出版社 2003 年版。

2.2.2 农业循环经济的内涵

农业循环经济是一种生态经济,是按照自然生态系统物质循环和能量流动规律,在农业生产过程和农产品生命周期中减少资源的投入量和废弃物的排放量,使经济系统和谐地纳入自然生态系统的物质循环过程中,实现农业资源持续利用、农业清洁生产,使经济效益与生态效益得以统一。农业循环经济的路径如图2-4所示。农业循环经济的重点在于将农业废弃物资源化及其循环再利用,其主要特征是"三低一高",即资源的低开采、低消耗、高利用和废弃物的低排放,从而实现"资源—产品—消费—再生资源—再生产品"的环形流动,有望从根本上解决资源、环境与农业发展之间的矛盾。

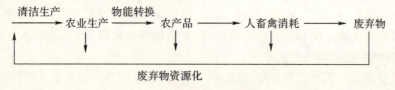

图 2-4　农业循环经济的路径

国内有关专家学者认为,农业循环经济的内涵主要从以下三个角度界定:(1)将农业循环经济看成是循环经济理念在农业经济系统中的应用。何尧军(2005)等认为,农业循环经济是把循环经济理念应用于农业系统,在农业生产过程和农产品生命周期中减少资源、物质的投入量,减少污染物的排放量,实现农业经济和生态环境双赢;(2)农业循环经济本质上是生态农业。方杰(2003)等认为,农业循环经济是将生态农业建设和提倡农业消费融为一体,运用生态学规律来指导农业生产活动,是对传统农业经济的否定,是对传统农业增长方式的根本变革;(3)农业循环经济是农业产业链的循环和延伸。姚天冲(2004)等认为,农业循环经济是按照3R原则(减量化、再利用和再循环),通过优化农产品生产至消费整个产业链的结构,实现物质的多级循环使用和产业活动对环境有害因子零排放的一种农业生产经营模式。

综观现有研究,其共同点是都考虑了农业循环经济的最终目标是要实现经济效益和生态环境效益的双赢。不同点是各种表述的侧重点不一样:第一种表述侧重于循环经济理念在农业系统中的应用,农业循环经济是工业循环经济理念的跨移;第二种表述更加注重生态效益,从生态环境的保护角度出发思考农业循环经济,按照这种方式理解的农业循环经济更加侧重于自然学科的农业循环,其中涉及的农业技术方面的知识较多;第三种表述更加注重农业产业链循环的经济效益,同时兼顾生态效益。缺点是,他们的定义都是单纯根据某一侧面提出的,不够全面,尤其没有考虑农业循环经济能够带来的社会效益。由此,根据农业循环经济的概念,笔者将农业循环经济的内涵总结如下:首先,农业循环经济的驱动力是经济效益,这同时也表明运用农业循环经济生产方式的微观主体——农民,之所以抛弃旧的农业生产方式和方法的根本驱动力也是经济利益。其次,农业循环经济是遵循生态规律,涉及企业(或农户)清洁生产、农业资源循环利用、生态农业、绿色消费等一切有利于农业环境发展的循环经济系统,努力寻求农业与生态环境的和谐发展,其本质也是生态经济(Kenneth Richards,2004)。再次,农业循环经济指明了农业经济发展的导向是可持续发展,衡量标准是绿色 GDP 核算体系。最后,农业经济活动的指导方法是可持续发展思想、循环经济理论及产业链延伸理念。农业循环经济发展模式的目标最终是要实现经济效益、社会效益和环境效益的协调统一可持续发展。

此外,在循环经济理论研究的基础上,周震峰等学者对农业循环经济的内涵作了延伸,认为农业循环经济是运用可持续发展思想和循环经济理论与生态工程学的方法,在保护农业生态环境和充分利用高新技术的基础上,以"3R"原则为基本准则,调整和优化农业生态系统内部结构及产业结构,提高农业系统物质能量的多级循环利用,严格控制外部有害物质的投入和农业废弃物的产生,最大程度地减轻环境污染,使农业生产经济活动真正纳入农业生态系统循环中去,实现生态的良性循环与农业的可持续发展。[①]

2.2.3　农业循环经济模式发展的原则

农业循环经济是循环经济的一种形式,要遵循循环经济的基本原则——"3R"准则。此外,由于农业发展的地域性显著,不同区域有着不同的农业生产方式与农业生产类型,因此,农业循环经济还要遵循的一个重要原则就是因地制宜原则。

(1)"3R"原则和无害化原则

农业循环经济同样遵循"3R"原则和无害化原则:

第一,减量化原则。减量化原则是农业循环经济的第一原则,是指为了达到既定的生产目的或消费目的而在农业生产全程乃至农产品生命周期(如从田头到餐桌)中减少稀缺或不可再生资源、物质的投入量和减少废物的产生量。如种植业通过有机培肥提高地力、农艺及生物措施控制病虫草害、减少化肥农药和动

---

①　刘青松、张咏、赫群英:《农村环境保护》,中国环境科学出版社 2003 年版。

力机械的使用量,既可减少化石能源的投入,又可减少污染物、保护生态环境。季昆森把农业中的减量化原则归纳为"九节一减",即节地、节水、节种、节肥、节药、节电、节油、节柴(节煤)、节粮和减人,这种观点是比较全面的。

第二,再利用原则。再利用原则是指以资源利用最大化为目标,是资源或者产品以本来的形式被多次利用,强调的是在生产过程中的循环。如在渔业养殖中,利用养殖用水的循环系统,使养殖污水经处理达标后循环使用,达到了零排放的要求。任正晓提出,在农业生产中,再利用原则可以解析为两个方面:一是能源的再利用,即已经为某一环节服务过的能源再用于另一个环节的生产过程;二是副产品的再利用,即某一生产环节产生的废弃物用于其他生产过程而成为有用的资源。

第三,再循环(资源化)原则。再循环原则是指对生产或消费产生的废物进行循环利用,使生产出来的物品在完成其使用功能后能重新变成可以利用的资源,而不是无用的垃圾。该原则强调生产终端废弃物的循环利用,指生产或消费产生的废弃物无害化、资源化、生态化。如种植业的废物——秸秆,经过青贮氨化处理,成为草食家畜的优质饲料,而家畜的粪便又是作物的优质有机肥。

第四,无害化原则。无害化原则要求将农业生产过程中产生的废物进行无害化处理,这也是发展农业循环经济的最终目标。此外,农业发展循环经济还要坚持因地制宜原则、整体性协调原则、生物共存互利原则、相生相克趋利避害原则、最大绿色覆盖原则、最小土壤流失原则、土地资源用养保结合原则、资源合理流动与最佳配置原则、经济结构合理化原则、生态产业链接原则和社会经济效益与生态环境效益"双赢"原则及综合治理原则等。

(2)因地制宜原则

农业生产条件因地而异,农业循环经济发展模式具体的应用是与地区的生态环境状况、资源状况、生产条件状况、产业结构状况密切相关的。具体到某一个地区要实行何种模式发展农业循环经济,要根据地区的实际区情来定夺。如果发展模式选取不当,只是盲目追随,邯郸学步,不仅不能取得预期的经济、生态效益,还会导致区域农业经济发展上步入误区,舍本逐末,不仅造成资源得不到有效利用,而且还会对周围生态环境造成更大的破坏,得不偿失。因此,发展农业循环经济要遵循因地制宜的原则,才能真正发挥农业循环经济的优势,达到预期目的。

此外,农业循环经济发展还要坚持整体性协调原则、生物共存互利原则、相生相克趋利避害原则、最大绿色覆盖原则、最小土壤流失原则、土地资源用养保结合原则、资源合理流动与最佳配置原则、经济结构合理化原则、生态产业链接原则和社会经济效益与生态环境效益双赢原则及综合治理原则等（崔和瑞，2004）。

2.2.4　农业循环经济模式的层次结构

农业循环经济模式应以农业资源的循环利用为特征，以农业资源消耗最小化、农业污染排放最小化与农业废物利用最大化为目标，从根本上解决具有"增长"特性的农业经济系统与具有"稳定"特性的农业生态系统之间的矛盾，促使农业生态环境与农业经济增长实现可持续发展。

（1）农产品生产层次——清洁生产

农业清洁生产是 21 世纪农业发展的新模式，是实现农业可持续发展的一种有效途径。清洁生产指在农产品生产层次中推行清洁生产，全程防控污染，使污染排放最小化。农业清洁生产包括清洁的投入（清洁的原料、清洁的能源）、清洁的产出（不危害人体健康和生态环境的清洁的农产品）和清洁的生产过程（使用无毒无害化肥、农药等农用化学品）。它要求农户在农业生产过程中不仅要注重农产品数量增加和农产品质量提高，而且要尽可能地减少对人体有害及破坏自然环境的化肥、农药等物品的使用。另外，通过农产品的清洁生产，有效地配置农业资源以最大限度地减少对不可再生资源的耗竭性开采与利用，并应用替代性的可再生资源，尽可能地减少进入农业生产、农产品消费过程的物质流和能源流。

（2）农业内部循环层次——物能互换

农业产业内部物能相互交换，互惠互利，使废弃物排放最小化。种植业的立体种植、养殖业的立体养殖等都属于这一层次的循环。如根据不同植物的生长特性和生长优势，采用将作物优势相结合的高效立体种植模式，让农业生产向空间或地下多层次发展，充分利用农业资源，使产业结构趋向合理，并保护农业生态环境。实践证明，这种种植模式的经济效益是比较高的。农业产业内部层次物能相互交换，互利互惠，废弃物排放最小化。如种植业的立体种植、养殖业的立体养殖等都有很多典型模式。

（3）农业产业循环层次——废弃物资源化

农业产业间的循环是最常见的，该层次是按生态经济学原理，在一定空间里将栽培植物和养殖动物按一定方式配置，使之形成相互依存、互惠互利关系，达到共同增产、改善生态环境、实现良性循环的目的。比如种养结合的稻田养鱼，稻田为鱼提供了较好的生长环境，鱼吃杂草、害虫，鱼粪肥田，减少了化肥农药使用量，控制了农业面源污染，保护了生态环境，增加了经济效益。

（4）农产品消费过程层次——物质能量循环

这一层次的循环超出了农业生产本身，扩展到消费领域和城乡大循环中，是将农业循环经济纳入社会整体循环的维度加以考虑。这一层次循环的关键是如何使消费后农产品产生的废弃物返回到农业生产过程。随着现代工农业生产的发展，城乡生产生活中的废弃物大量积聚，传统的城乡物质循环的链条在很大程度上已经中断，造成资源浪费和生态环境威胁。如何在新的条件下继承和发扬中国传统农业重视生产和生活中的废弃物资源化的优良传统，重建涵盖工农业生产和城乡生活的大生态系统的物质循环通道，成为经济发展中需要迫切解决的问题。

（5）大农业与工业链结合循环层次

将农林牧渔业形成的大农业生态链与农产品加工、农副产品加工和农业废弃物加工等工业生产链结合，形成更高层次的物质循环、能量流动和价值流、信息流。如以沼气为纽带、种养加结合的模式等。

（6）社会整体循环层次

指农产品消费过程中和消费后的物质与能量的循环。如粮食作物秸秆可饲养家畜，籽粒供人食用，家畜肉也供人食用，人畜粪便可肥田。

2.2.5　农业循环经济模式的特征

农业循环经济既有一般循环经济所具备的要素，也有其农业自身所产生的特点：

（1）物质循环利用

这是农业循环经济区别于以往传统线性农业经济发展模式的最大特征。以往传统的农业经济发展模式是"资源—农产品—废物"的线性模式（如图2-5），而循环型农业经济则是"资源—农产品—（消费）废弃物—再生资源"的循环模式（如图2-6）。把废弃物重新纳入农业经济生产循环之中，通过资源再生、物质循环，以实现资源利用高效率和最终废物"零排放"。

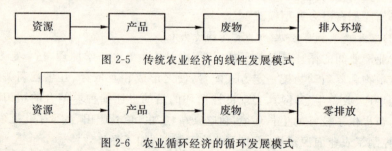

图2-5　传统农业经济的线性发展模式

图2-6　农业循环经济的循环发展模式

（2）新的系统理论

农业循环经济中的生产不再是单一的生产过程，而是一个系统的生产链条。循环经济利用系统论原理，通过废物资源化利用、要素混合等方式与农业中的相关生产环节或农业外的相关产业形成协同发展的产业网络，延长农业生态产业链，组成一个完整的农业循环经济大系统。

（3）资源再生与废物零排放

这是循环经济最直接的特征表现，也是循环经济的目的所在。以往传统的经济模式以"大规模生产、大规模消费"为主要特征，具体表现为资源的一次性非再生利用和废物的直接排放。[①] 而循环经济是以生态学理念为指导，注重物质与能量的循环流动和对外部环境负面影响最小化，因此，资源的循环再生利用与废物零排放便成为循环经济的主要追求目标，并成为其主要特征之一。

（4）高度的农业生产关联

农业循环经济是要充分打造"资源—产品—消费—再生资源"的物质反复循环流动模式，这就需要把利用不同原始资源的第一生产环节与消耗第一生产环节废物的第二生产环节，以及以此类推的第三、第四……生产环节有机地组合在一起，结成产业生态链条，这样才能保障物质流的最大循环。

此外，需要注重农业生产条件和周围生态环境的改善，并将此看作农业可持续稳定发展的基础。

2.2.6 发展农业循环经济模式的支撑技术

农业循环经济发展过程中，一些环境资源问题虽然有以循环方式解决的理论可能性，但在现实中有可能面临着技术障碍，需要有一定的技术来支撑。目前，我们已经掌握一些发展农业循环经济所需要的一般技术，甚至有一部分已广泛应用于农业生产实践。本文基于两大层面来分析农业循环经济发展的支撑技术。

从农业生产所包含的资源投入—生产和消费—废物处理的三个环节来看，主要包括以下技术：

第一，资源投入减量技术。这个环节主要考虑资源投入减量化的问题。这方面的技术主要分为两类：一类是根据资源分布的异质性、农业生物对环境资源需要的差异以及各种农业生物的相生相克原理，将不同生物种群配置到同一立体空间的不同层次上，使有限的空间和时间容纳更多的生物种，充分利用单位空

---

① 王如松：《复合生态与循环经济》，气象出版社 2003 年版，第 102—106 页。

间和时间内的光、热、水、土、肥等资源，提高资源利用效率，代表性技术有立体种植、立体养殖、立体复合种养；另一方面，开发利用可再生能源替代不可再生资源，如利用太阳能来减少化石能源的投入。

第二，生产链条延长技术。这个环节主要考虑延长生产链条（再利用）的问题（Haque A., I. M. Mujtaba, J. N. B. Bell, 2000）。在农业生产中，可以通过食物链加环技术来达到物质和能量的多层次利用，提高物质、能量的利用效率。食物链加环技术即利用食物链原理，在农业生态系统中加入新的营养级，从而提高资源利用率、增加系统的经济产品产出，同时防止有害昆虫、动物危害的方法。食物链包括三个方面：一是生产过程的加环，比如引入、保护和发展天敌，有效抑制害虫的大量繁殖，消减作物害虫、害兽，保护了生态环境，防止污染，同时减少不可再生资源的投入，降低生产成本；二是产品消费加环，农业各级产品中，除可以为人类直接消费的产品外，还有相当一部分副产品不能直接为人类利用，而这些副产品本身又是下一级产品的原料，加入新循环后就可以使之转化为可以直接利用的产品，如利用麸皮、饼粕、秸秆等副产品饲养牛、羊、兔等草食性动物，由它们转化成人类需要的肉、蛋、奶等产品；三是增加产品加工环，目前农产品输出的形式，多是原粮、毛菜、生猪、混合果（水果）的形式，从输出到消费者的厨房，有很大一部分被损耗，是无效输出，因此引入产品加工环，通过产品加工技术使产品变成成品、精品输出，这样就能减少无效输出，减少系统的物质能量输入，降低生产成本，增加农民收益，防止城市污染。

第三，废物资源化技术。这个环节主要考虑废物资源化的问题。农业循环经济发展的基本任务之一就是促进物质在系统中的循环使用，以尽可能少的系统外部输入，增加系统产品的输出，提高经济效益。农业有机废料的综合利用就是最重要的途径之一，通常农业有机废料指秸秆和牲畜粪便。

从微观层面来看，发展农业循环经济的技术有很多，这些技术对环境都是无害的，即要做到尽量减少污染物排放、合理利用资源和能源、尽可能多地回收利用各种废弃物，对已经产生的污染要采取措施进行有效治理。

第一，农业结构调整和优化技术。根据当地资源环境状况和社会经济条件，以市场为导向，合理调整农、林、牧、渔、工各业用地面积、资金投入、劳动力利用构成及各业内部结构，改善土地利用布局，通过农林牧结合、种养加配套，多种经营，使资源得到多层次利用和循环增值。

第二，农业有机废弃物的资源化利用技术。秸秆、粪便、食品加工废料等农业有机废弃物资源，通过机械加工、青贮、氨化、发酵、膨化、汽化等措施，用作畜禽饲料、作物肥料、农户燃料和食用菌培养基，变废为宝，促进农业生态良性循环。

第三,农业生态环境综合整治技术。这类技术包括:实行生物措施与工程措施相结合防治水土流失,通过建设农田林网、农林间作等改善农田小气候,通过修筑台田、水稻压碱等进行土壤盐渍化改良,通过建设生物氧化塘进行污水净化处理等。

第四,高产高效的立体种植技术和共生互利的养殖技术。选择不同的林木、果树、农作物品种,以及不同的畜禽、水生生物等,在空间上合理搭配、时间上巧妙安排,提高单位空间时间的产量和效益。

第五,地力培肥土地持续利用技术。包括积造、增施有机肥、生物肥或有机—无机复混肥,扩大秸秆还田面积,播种绿肥,推广配方施肥、测土施肥、精准施肥技术,实行间作、轮作、套种等。

第六,农村新能源开发与节能技术。开展以沼气为主,充分利用太阳能、风能、地热能和生物质能的可再生能源开发建设,推广太阳能暖房、太阳能热水器、秸秆汽化、省柴节煤灶技术,不断改善农村用能结构。

第七,无公害农业生产资料开发技术。开发、生产新型无污染的有机肥料、有机—无机复混肥料和缓释肥料,开发利用土农药、生物农药或高效、低毒、低残留的化学农药,发展可降解地膜,尽量减轻对农业环境的污染。

第八,病虫草害的综合防治技术。通过生物多样化种植,开发天敌资源,选用高效、低毒、低残留农药,特别是生物农药、植物性农药,结合物理防治措施,减少农业生物对化学农药的依赖性,提高农产品质量。

第九,庭院生态经济开发技术。以发展庭院经济为主,将庭院居住环境和生产环境有机结合起来,发展庭院种植、庭院养殖、庭院加工和庭院绿化美化等。

第十,旱作农业技术。在干旱缺水地区推广抗旱作物品种,采取喷灌、滴灌、微灌、管灌等节水灌溉措施,实行地膜周年覆盖等。

2.2.7 循环型农业与生态农业、可持续农业

在可持续发展的背景下,除了循环型农业外,比较典型的几种新兴农业生产方式还有生态农业和可持续农业两种。这里提到的循环型农业就是我们说的农业循环经济,只是为了便于比较,叫做循环型农业。为了在下面的模式设计中把循环农业与生态农业、可持续农业区别开来,这里简单介绍一下三种农业生产方式的异同。

"生态农业"一词最初是由美国土壤学家阿尔布勒奇(W. Albreche)于1970年提出,1981年英国农学家伍新顿(M. Worthington)将生态农业明确定义为:

"生态上能自我维持,低输入,经济上有生命力,在环境、伦理和审美方面可接受的小型农业。"即对农业生态系统,不使用或尽量少使用化学合成产品,施用有机肥或长效肥,利用腐殖质保持土壤肥力,利用轮作或间作等方式种植。可见,生态农业是把生态学理念运用于农业系统的一种农业生产方式,把农业生产系统作为生态学中的一个生态系统来对待,强调农业生态系统的自我平衡与稳定。从生态农业的定义就可以看出,生态农业是一种以生态效益优先的农业发展模式,但这是国外的生态农业定义。我国的生态农业与国外存在很大差别,被学者们称为"有中国特色的生态农业"。因为,我国的生态农业是与我国的国情相适应的。我国农业发展落后,人口众多,农业发展不可能一味追求生态效益,还要以经济效益为根本,因此我国生态农业还是以经济效益优先的农业发展模式。

所以,我国的生态农业含义更接近农业循环经济的含义。循环型农业是把循环经济理念应用于农业系统,在农业生产过程和产品生命周期中减少资源、物质的投入量和减少废物的排放量,实现农业经济和生态环境效益"双赢"。强调建立或拓展农业生产间链条,改变生态系统以往单一的"食物链",组建有循环回路的复合型"食物链"。循环农业思想是对生态农业思想的继承与发展,是生态农业理论的深层应用。生态农业思想对循环农业思想的形成提供了基础与借鉴,但是,循环农业理论又发展了生态农业理论,从而使得循环农业具有更明确的操作原则和判断标准,并且更明确地提出农业生态功能在时间和空间上联结思想。

对可持续农业来说,世界上最早倡导可持续农业的国家是美国。1981 年美国农业科学家莱斯特·布朗在"Building a Sustainable Society"中系统阐述了"可持续发展观",这是对农业可持续性的较早思考。可持续农业是将可持续发展观运用于农业生产中的一种生产组织方式,强调发展农业生产在满足当代人对农产品需求的同时,不能对后代人发展农业生产的资源和条件造成危害。可持续农业实质上是强调农业资源的可持续利用问题。

由此可见,循环型农业、生态农业和可持续农业各有侧重,但三者又极有渊源。循环型农业强调的首要原则就是减量化,是要形成一种低投入、低消耗、低排放和高利用率的农业生产方式。而生态农业运用生态学观点来指导农业生产,是要建立一个自我维持的低输入农业生产系统的平衡状态。这与循环型农业减量化原则本质上是一致的。但循环型农业与生态农业相比较更具有现实可操作性,是一种更为具体的生态农业。① 而循环型农业和生态农业的共同目的

---

① 吴国庆:《新阶段浙江农业科技发展的思路和对策》,《浙江农业学报》2002 年第 11 期。

都是低资源消耗、低资源浪费和高效益产出,都是要维持农业生态系统的平衡与稳定发展,这又与可持续农业的观点不谋而合。可见,循环型农业与生态农业都是属于可持续农业的范畴,是可持续农业的现实体现和实现途径(李玉明,2005)。

03 农业循环经济模式发展的历史渊源及脉络

　　我国农业的发展史,伴随着人类生存和发展,走过了一条既艰辛又相当漫长的道路。自然灾害,工业化对农业资源的需求等,都给农业生存与发展带来了沉重的负担或毁灭性的灾难。为此,不同国家和地区相互对话、相继联手,共同探索农业安全、生态、高效的发展道路,实践资源节约型、环境友好型社会的建设,从而为 21 世纪的新农村建设寻找新的坐标——农业循环经济。农业循环经济的渊源纷繁驳杂,各种模型与理论难以计数,但考其社会影响力与后继发展状况,仍然可以找到其中的主导轨迹。本章将总结回顾古代与现代的农业发展观,并对农业循环经济的发展趋势进行初步的探讨与分析。

3.1　农业在人类经济中的重大发展变革史

　　从农业在人类经济发展过程中的变革来看,农业经济最早始于埃及、中国、印度、古罗马和希腊的奴隶制农业经济。公元前 6—7 世纪,中国的战国时期,农业经济开始向封建小农经济转变。小农经济成为中国农业社会生产力条件下最有效率的生产方式,也是中国封建制经济的长期延续,1820 年中国的国内生产总值曾居世界第一位。纵观历史,横观世界,农业自出现以来,便按照自身的规定性,有规律地向前发展。无论先进地区还是落后地区,无论发达国家还是发展中国家,尽管发展的进程和速度不同,大都经历了或经历着四个大的历史阶段,即起源的原始农业、自给自足的传统农业、集约化生产的现代农业以及持续发展的未来农业。详见表 3-1。

表 3-1　农业发展阶段和特征

阶　段	主导目标	投入特征	哲学思想
原始农业	生存	劳动	依附自然
传统农业	丰衣足食	人力和畜力	人类受自然支配
现代农业	发财致富	石油能	人类主宰自然
未来农业 （可持续农业）	蓝天碧水 经济、环境双赢	智力 生物动力	人与自然和谐共处

（1）原始农业阶段

原始农业出现在新石器时期，这一时期的人类使用简陋粗糙的工具，如石刀、石斧、骨相等，烧荒植稼，捕捉野兽，采用刀耕火种和轮垦种植的耕作制度，依靠长期休耕的方法去自然恢复地力，而不是靠人工的栽培耕作技术去提高土壤肥力。原始农业是与当时人们的愚昧无知联系在一起的，生产力极低，还伴有轻微的生态环境破坏，但由于人口稀少，仅限于局部地区，因而环境资源易于恢复。

（2）传统农业阶段

传统农业阶段，农业生产注重精耕细作、积极养地、用养结合，其特点是经营分散、规模小、劳动生产率低下。传统农业把农业生产与环境保护密切结合，把废物作资源化处理的大方向是完全正确的。但它是一种封闭式的自给自足的农业经济体系，无商品和市场经济的概念，生产力低，生产发展速度低于人口增长速度，迫于人口压力农业只能搞"广种薄收"，这导致了环境资源遭到一定程度的破坏，而且其施肥技术存在着费工费时、劳动强度大、卫生保障差等弊端，需要运用现代科学技术予以改造。

（3）现代农业阶段

这一阶段，农业生产采用大规模的投入，由农业机械化、化学以及生物学等成就而促成，创造了巨大的社会生产力，大大提高了农业劳动生产率，大幅度增加了农畜产品，适应了社会的需求。到 20 世纪 60 年代，这种集约化农业已成为工业化国家农业生产的主要形式。但由于这种集约化农业生产讲求单一经营和高度专业化，缺乏时间和空间上的连续性，在很大程度上忽略了生物群落耐受限度内的自我调节，最终会造成生态系统的崩溃。从 20 世纪 70 年代初开始，石油农业逐渐暴露出诸如能源危机、自然资源缺乏、环境污染和生态平衡失调等一系列问题。

20 世纪 70 年代后期，发达国家首先开始对高投入的现代农业进行反思，先后提出了诸如现代自然农业、生态农业、精准农业、有机农业等农业发展模式和途径,试图少用或不用不可再生资源,转而利用生物之间的物质和能量循环,来获取人们所需的农产品,同时维护生态系统良性循环,减少废物的排放,实现农业生产的可持续发展。现代农业实行的以农业电气化、机械化、水利化、化学化为目标和主要内容的技术战略,把发展农业的希望寄托在工业支援和工程措施上,这种大量使用化肥、农药、塑料、石油为特征的工业式现代农业,随之而来的是能源过量消耗、资源受到掠夺性利用而遭到破坏、环境污染严重、生态环境失衡、生物多样性不断减少,以及由此而产生的高产量、低质量;高产量、低收入;高产量、低效率等种种弊端,特别是世界性能源危机日益加深,西方式的现代农业已无出路。因此,研究和建立一个合理的、良性循环的可持续农业发展模式,刻不容缓。

(4)未来农业(可持续农业)阶段

20 世纪 80 年代开始,从发展的角度看,世界农业发展明显呈现出以农业发展可持续化为首,以及农业生产高科技化、农业结构高级化、农产品加工深度化、农业经营一体化、农产品贸易自由化六大趋势。农业发展可持续化就是可持续发展概念在农业上的反映。具体来说,就是既能生产出足够的食物和纤维,满足当代人的需要,又不破坏甚至能够保护自然资源和改善生态环境,满足今后世世代代人需要的农业生产模式。[1] 以可持续发展思想为指导,运用生态学规律,重构人类社会农业经济活动的农业循环经济,正是响应可持续发展行动号召的新型经济发展模式的探索。农业循环经济强调和注重将传统生态农业技术与现代科学技术和管理方法相结合,力求自然资源的高效利用和能量的梯级利用,从而把农业发展与环境保护有机地统一起来。它是可持续发展理念的必然产物,是对传统的不可持续生产方式的一种变革。

进入 21 世纪,知识经济和循环经济初见端倪,成为国际社会的两大趋势。知识经济要求加强经济运行过程中智力资源对物质资源的替代,实现经济活动的知识化转向。循环经济要求以资源节约、环境友好的方式,科学利用自然资源和环境容量,实现经济活动的生态化转向,从而实现可持续发展。由于生产与自然生态系统的共存变化,铸就了当今传统农业向现代农业转变的基础上,建立一种新的经济理论——循环经济理念。目前,农业循环经济已逐渐成为世界农业发展的一股潮流和趋势,是 21 世纪农业发展战略的必然选择。

---

① 韩宝平、孙晓菲:《循环经济理论的国内外实践》,《中国矿业大学学报(社科版)》2003 年第 1 期。

3.2 古代农业循环经济观念的产生

人类文明的历史是一部环境保护与破坏的冲突史。当我们重新扫视中国农业兴衰的历史坐标时,会清晰地发现中国传统农业中的循环发展思想与当代提倡的科学发展观、可持续发展、循环经济殊途同归。

在古代农业,人类完全顺从于大自然的恩赐,对自然界持畏惧心理,人与人的关系也完全是一种极其狭窄的、自然形成的血缘关系。随着对自然界认识的发展和"原始经验"的积累,开始出现了原始农业和原始牧业。人类的这种生产和生活活动所产生的排泄物对于环境的污染几乎无从谈起,人类与自然之间的关系保持着"原始协调"的状态。而进入阶级社会以后,随着铁器工具的出现及其应用和推广,实现了农业发展中的革命,在局部范围内破坏了生态的自然结构和原有布局,"环境问题"便开始在一定程度上产生。但是,这种情况在以人的依赖关系为根本特征的自然经济条件下,并不具有全局性和普遍性特征。因为人们对自然界的狭隘的关系决定着他们之间的狭隘的关系。而他们之间的狭隘的关系又决定着他们对自然的狭隘关系(史小红,2007)。所以,在这一时期内,自然几乎完全支配着人类的生活,人类与环境的关系在总体上是处于"原始协调"状态。

3.2.1 古代农业经济思想概述

对于农业中的经济活动和经济关系进行研究,起源于奴隶社会时期奴隶主管理庄园经济的需要,在封建社会时期又有所发展。中国古代的农业经济思想,在宏观方面主要强调富国安民,必须"以农为本,重农抑商"和减轻农民的租税负担;在微观方面主要强调发展农业生产必须善于利用天时、地利,改良农业技术,并精心管理。阐述这些思想的代表著作有成书于战国末期的《管子》和《吕氏春秋》,后魏时的《齐民要术》等。欧洲古代农业经济思想大体上和中国古代相类似。其代表著作有罗马时代大加图的《论农业》和瓦罗的《论农业》等。但是农业经济作为一个专门学科,则是随着资本主义在农业中的发展而逐步形成的。

18世纪中期,在英国首先出现了研究农业经济问题的专门著作,主要是对新兴的资本主义农业产生的状况进行描述,以及对农业中大生产的优越性及生产要素的合理配置问题进行分析,其代表著作有英国的《农业经济》等。19世纪中期以后,德国出现了用抽象方法研究农业经营和农业生产的区位配置的农业经济学著作,这把农业经济学的研究向理论概括方面大大推进了一步,其代表作有屠能的《孤立国与农业和国民经济的关系》。19世纪中期以后,资本主义国家的农业经济学转向研究农业经营形态问题,注重探讨农业生产经营的合理集约度和合理的部门结构。20世纪20年代以后,美国对农业经济学的研究趋于活跃,它主要研究资本主义条件下,农场主如何以最少的投资获得最大利润的原理、原则和方法,同时也更加重视对农产品运销和农业金融问题的研究。20世纪30年代以后,由于资本主义的经济危机加深,农业日益陷于市场剧烈波动的威胁之中,农业经济学的研究又着重向农产品的市场预测,以及国家对农业生产的干预与调节方法方面发展。20世纪50年代以后,资本主义国家的农业经济学更强调定量分析,除了更加广泛运用统计方法外,还进一步运用了数学模型的方法。

3.2.2 中国古代传统农业的主要特点

春秋中期我国进入铁器时代,奴隶社会逐步过渡到封建社会,农业也进入传统农业阶段。我国传统农业的主要特点是科学的农学理论和精耕细作技术体系。

(1)科学的农学理论

我国传统农学把农业生产看做是"稼"(农业对象)、"人"(农业主体)以及"天"和"地"(农业环境)诸因素组成的整体。也就是说,农业生产是一个由农业环境、农业对象和农业主体(人)协调构成的农业生态系统,应当用整体观、联系观和动态观看待农业生态系统。此外,我国古代农业非常重视农业系统中废弃物质的再利用,以保持农业生态系统的平衡和系统内物质的循环。农业环境的"天"指气候。生物的生长、发育和繁衍都受气候变化的影响,农业生产要与气候的年周期节律保持一致。《尚书·尧典》说:"食哉唯时",就是说人类食物生产要不误农时。指导农业生产的二十四节气也是中国特有的创造。"地"指土壤、地形等。我国在长期农业生产中形成了很有特色的"土宜论"和"土脉论"。"土宜论"是"因地制宜",要求按不同的土壤、不同的土类和不同地区特点安排和发展农业生产。"土脉论"把土壤看作有气脉的活的机体,土壤肥力是可以变动的,通过人工培肥可使低产地改造为高产田。"因物制宜"是指根据农业生物的生长发育、形态和习性及其对外部环境的要求,采取不同的栽培或饲养措施。至于农业生态系统中的"人",中国传统农学理论认为"天人合一",人不是自然的主宰者而是参与者,人和自然不是对抗的关系而是和谐的关系。农业生产是人类以生物的自然再生产为基础的产业,我国传统农业早已有了朴素的农业循环理念并付诸实践(Hong-Bin Xu,2006)。例如,桑—蚕—桑及养殖—种植—养殖的循环。又如用地与养地结合,就是从土地取走的物质通过施肥还田,使"地力常新壮"。从这些例子中可以看出循环观包含在中国传统农业生产过程之中,其合理理念和有效实践为发展现代农业循环经济提供了有价值的借鉴和启示。

(2)精耕细作技术体系

一是集约利用土地。随着人口的增加,我国历代都在扩大耕地面积,同时创造了好田、涂田、梯田等多种土地利用方式。春秋战国到魏晋南北朝,连作替代了休闲制,并创造了轮作倒茬、间作套种等方式。明、清还出现了多层次配置的立体农业的雏形,如农谚说:芝麻混杂豆,上下三层楼,芝麻头上飘,红豆缠中腰,绿豆地上爬,通风透光产量高。这样就实现了"种无虚日"(延长种植期)、"种无闲地"(间作套种),充分利用了光、热、土、水资源。二是精细的栽培技术。历代农民通过驯化、引种与育种相结合获得许多高产优质的动植物品种。在良种选育方面,采取种内杂交、种间杂交等多种手段,开创了系统选育法,而且通过许多合理的栽培措施达到增加产量。如施肥,清朝杨帕就把肥料分为人粪、畜粪、草粪、苗粪、火粪、泥粪、骨蛤灰粪、渣粪(菜籽和棉籽饼)、黑豆粪(黑豆粉经发酵后和泥土拌)和皮毛粪等10类。还提出"时宜"、"土宜"和"物宜"(即因时制宜、因地制宜、因作物制宜)的农业生产措施。我国传统农业施肥以有机肥料为主,采取用地与养地相结合的方法维持了农业生态系统平衡。几千年来,我国农田仍保持了地力,产量未降反而不断提高,这不能不说是一个奇迹。

3.2.3 中国传统农业中的循环经济思想

我国传统农业精耕细作传统的形成是其农业生态思想导引的结果。而循环观是传统农业生态思想的重要组成部分。

(1)农业是一个自然生态系统

传统农业生态思想的精髓是传统哲学中的"天人合一"观、"三才论"构架下的天、地、人、物的协调统一观。即把天地自然环境、动植物生产与人们的生产实践活动视为一个统一的系统。天地人中的天,在农业生产实践活动中,当指自然的天,是光照、热量、水分、大气等多种因子的综合,这些因子随时节循环而呈现不同的规律性变化。这样,天的特征就可以用"时"来喻示,即"天时"。它对于农业生产农事活动来讲尤为重要,天时对于农业生产来讲实际上就是"农时",由此引出农业生产中的季节、节气、农时等概念。农作物萌发、生长、开花、结实、成熟等过程与时节循环往复有一定的对应,把握这种循环节律,是农业丰收的基本保证。重"时"则重"天",意在表明人类活动与宇宙大系统运动节律的协调。反映到农业上,实际上就是农作物生长节律及其周期循环与宇宙大系统节律循环的某种吻合。这正是农家"月令派"所追求的目标。《夏小正》、《诗·幽风·七月》、《吕氏春秋·十二纪·纪首》、《礼记·月令》等,都列出每个月气候、物候、农事等,即以物候定时节,以时节安排农事活动,因此也产生了四季、七十二候、二十四节气等服务于农业生产的节气知识。农时是立农之本,农业生产的三大要素是天地自然环境、农作物(包括动物)和人的生产实践活动,重视农时就是重视天地人物的协调统一。人的生产实践活动要与自然节律、农作物生长发育规律相协调,这是农业生产的关键之所在,是所谓的"三才论"。"三才论"体现了传统农业的生态思想,天地人对于农业生态系统来说不可或缺,天地人的循环节律与农业系统的循环又是一致的。农业生产运作实际上就是如何协调农作物与其生长环境(天地自然)的关系,原始农业、古代农业时期,农业生产几乎在自然状态或比较接近自然状态的情况下进行,农业生产不能违背自然节律,对自然的依赖性较强。从循环观的角度来讲,也就是农业生产农事活动的循环往复要与天地自然的节律循环相一致。循环观包含在生态思想之中。

(2)提高资源利用效率

我国早期的农业,以种植为主,是一种所谓的"跛足农业"类型,不同于西欧的混合农业形态。但我国过密型人口增长导致巨大的压力,不得不寻找生存空间,一是在原地过度开垦,二是迁徙作业,三是提高资源使用效率,这三种形式在中国农业史上兼而有之。资源或生产要素相对于人类多样化的需求而言,总是稀缺的。由于资源的稀缺性,无法满足人们多种多样的、无限的、不间断的需求,人们不得不权衡取舍,努力作出选择,实现自然资源的可持续供给。提高资源使用效率就成为农民的诉求,尽管它是不自觉的、缓慢的,毕竟在古老的中国大地演绎着。例如,春秋时代的郑子产说:"政如农功,日夜思之,思其始而成其终,朝夕而行之,行无越思,如农之有畔,其过鲜矣。"农功要有缜密的思考和计划,其中包含了对客观规律的认识和掌握,这正是精耕细作农业技术的特点之一。到了清代,传统的精耕细作进一步向"多劳集约"的方向发展,"粪大力勤"成为农业生产的基本要求,并出现了"立体农业"或"生态农业"雏形。

(3)生产过程循环

我国传统农业十分重视农业生态系统内部各种生物之间共生互养、相生相克,创造了丰富多彩的农业生产过程循环的方式,如通过轮作、间作、湿地净化和生物降解,使可更新资源在低生产力水平和狭小的时空尺度上循环,这些可以归为农业循环经济形态,都是"循环原则"的生动体现,时至今日仍然保持着旺盛的生命力。例如,我国早就懂得驱鸭治蝗,在这基础上创造了稻田养鸭的生产方式;在江南水乡和东南沿海,至今仍保持着"桑基鱼塘"的产业链形式。

（4）资源持续利用

农业经济发展依赖自然资源和环境的支持，理性的人类应该学会在生态效益、经济效益和社会效益之间寻找平衡，超越资源环境的承载极限，人类的生产必然自食其果。在历代的传统农业中，已比较清楚地认识到了这一原则。例如《管子·揆度》中说："黄帝之王，……不利其器，烧山林，破增薮"；孔子则主张"钓而不纲，弋不射宿"，避免自然资源出现供求矛盾；荀子在《王制》中讲道："草木繁华滋硕之时，则斧斤不入山林，不夭其生，不绝其长也"，以实现自然资源的永续利用；管仲指出"春政不禁则百长不生，夏政不禁则五谷不成"。很明显，传统农业中贯穿着资源持续利用的思想。同时，"变恶为美"、"余气相培"又是我国传统农业循环经济思想的宝贵财富，城乡生产和生活中几乎所有的"废弃物"都被当做肥料，返回土壤，参加农业生产再循环。有些学者借此认为中国传统农业是"循环农业"，指出"虽然中国传统农业的施肥技术，存在着费工费时、劳动强度大、卫生保障差等弊端，需要运用现代科学技术予以改造，但它把农业生产与环境保护密切结合，把废物作资源化处理的大方向是完全正确的。"

从历史发展的轨迹来看，我国有 7 千年悠久历史的传统农业就是一种典型的循环经济。城乡居民的粪便、泔水、垃圾和秸秆、绿肥、沼液是农田宝贵的肥源，农家的猪、牛、鸡、狗、鱼、桑、蚕、蚯蚓、沼气和菜地、农田、鱼塘、风水林、村落构成和谐的农村生态系统，轮作、间作、湿地净化、生物降解等时空生态位被充分利用，可更新资源在低生产力水平和小的时空尺度上循环，以世界 7% 的耕地和水资源养活了四分之一的世界人口并维持了中国封建社会超稳定的经济形态。但这种循环是封闭保守的，其社会基础是封建体制，认识论基础是顺天承运，技术手段是小农经营（ Haque A. , I. M. Mujtaba, J. N. B. Bell, 2000）。盛唐时代，我国农业基本形成了以农桑结合、农牧结合为代表的农业自然经济模式。中原地区发达的种植业，推动了畜牧业的发展，建立了农业二元经济结构，带来了当时农业的高度繁荣，为人类的加快繁衍和集聚提供了充足的物质保障，也创造了灿烂的中华文明。长江中下游吴越地区，先辈最早栽桑养蚕，充分开发利用自然资源，实行粮茶鱼桑结合，逐步构筑了发达的商品农业，为开辟"丝绸之路"奠定了物质基础。尤以苏杭为代表的长江下游农区土质肥沃、水域广阔、气候资源丰富，自然条件优越，先民利用水域养鱼、塘边栽桑、塘泥肥桑，形成了"桑基鱼塘"模式，不仅使自然资源得到充分利用，而且建立了良好的自然生态环境，成为我国古代农业多元化协调发展，资源综合开发利用的典范。民国时期，苏中如泰地区建立了"猪油酒"结合的农业经济结构，曾在农业发展史上写下了浓重的一笔。其主要特点是实行种植业与养殖业有机结合，农产品生产与农产品加工融为一体,构筑了种植业(粮食、油料)—农产品加工业(榨油、糟酒)—下脚(饼粕、酒渣)—养猪(肉食品加工市场,猪粪—种植业)农业产业链。它与当代农业结构调整的方向如出一辙,成为我国农业发展的精华之一。[①] 随着科学技术的发展与繁荣,20世纪70年代,以农业经济学家于光远为代表的许多专家学者,用农业生态学、经济学原理提出了农业生物链、产业链的构建模式。提倡用粮食及其副产品大力发展饲料工业,促进养殖业发展,利用大量的禽畜粪便,通过农业生物工程技术,养殖蛆蝴、蝇蛆等,开发高蛋白饲料,许多地方的实践获得了成功。

总体来看,古代农业循环经济思想影响了人们的经济发展思维方式,渗透到社会生产生活的各个层面,它首先或直接地应用于农业生产,在农业生产中得到发展和提升,产生了农业的生态思想。尤其是反映到农业生产的动态循环中,代表着传统农业的生态化实践趋向。

3.3 现代农业循环经济模式发展的历史脉络

如上所述,世界农业的发展经历了原始农业、传统农业、现代农业三个阶段,目前正向可持续农业过渡。20世纪40年代,发达国家将现代科学技术大规模地在农业中应用,农业生产力大幅度提高,农业生产由传统农业发展到现代农业。现代农业发展的同时也带来了一些如环境污染、土壤肥力下降、水土流失等严重的副作用。为了解决农业面临的困境,各个国家为此寻找新的出路。20世纪70年代后,发达国家先后出现了"生物动力农业"、"生物农业"、"有机农业"、"生态农业"、"自然农业"、"再生农业"等替代农业思潮。由于替代农业只强调资源和环境,反对使用化肥、农药等化学物质,生产率低,产品价格高,在实际生产中是行不通的。在这样的背景下,持续农业应运而生。探求现代农业循环经济发展的历史脉络有利于我们更好地总结农业循环经济发展经验,同时为农业循环经济模式的构建提供借鉴与参考。

3.3.1 国外现代农业循环经济模式发展的脉络

(1)国外现代农业循环经济模式发展的渊源

现代农业循环经济的发展大多是从生态农业开始的。生态农业最早于1924年在欧洲兴起,20世纪30—40年代,在瑞士、英国和日本等国得到发展;60

---

① 戴丽:《云南农业循环经济发展模式研究》,《云南民族大学学报(哲学社会科学版)》2006年第23期。

年代欧洲的许多农场转向生态耕作,70 年代末东南亚地区开始研究生态农业;从 20 世纪 90 年代开始,生态农业在世界各国有了较大发展。目前,在世界上实行生态管理的农业用地约 1055 万 hm²。其中,澳大利亚生态农业用地面积最大,拥有 529 万 hm²,占世界总生态用地面积的 50%;其次是意大利和美国,分别有 95 万 hm² 和 90 万 hm²。若从生态农业用地占农业用地总面积的比例来看,欧洲国家普遍较高。在生态农产品产值方面,据统计,现在全球每年生态农业产品总值达到 250 亿美元,其中欧盟 100 亿美元,澳大利亚 35 亿美元,美国和加拿大 100 亿美元。据国际贸易中心(ITC)报道,欧洲生态食品和饮料销售额从 1997 年的 52.55 亿美元增加到 2000 年的 95.5 亿美元。德国是欧洲最大的有机食品消费市场,1999 年德国生态食品销售额为 20 亿美元,约占其食品销售总额的 1.2%。除德国外,法国、英国、荷兰、瑞士、丹麦和意大利,以及美国和日本等国家的生态食品销售量也在以较快的速度增长。在波兰,生态农业耕地面积为 5 万公顷,占波兰农业用地总面积的 0.3%,占欧盟国家总的生态农业耕地面积的 1%。相对欧盟其他国家,波兰无论在农场数量还是在种植面积上都是非常少的。波兰农业部正致力于迅速增加生态农场的数量,提高生态食品的市场份额,以提高农民收入,并最终使广大消费者受益。近年来,包括波兰在内的许多欧盟国家都计划将生态食品市场份额增加 20% 以上。相对于大多数其他欧盟国家来说,波兰农业化肥用量非常少,所以波兰的生态质量和生物多样性都是欧洲最好的。几乎所有波兰的耕地都没有重金属和其他工业来源的污染,而且化肥用量比其他 DECD(经济合作与开发组织)国家低 20%-30%,杀虫剂用量低大约 70%。这为波兰大力推广生态农业提供了良好的基础。波兰的生态农业农场每年至少接受一次权威机构的检查。在正式获得许可证之前,农场必须经过两年的监测过渡期。截至 2003 年,波兰共有 2286 家农场(占农场总数的 0.11%,占地面积达 5 万公顷)获得生态农产品许可证或处于过渡期。其中,有 1287 家农场(占地 35554 公顷)已获得生态农产品生产许可证。另有 999 家农场正处于生态农场过渡期,其中 496 家农场(占地 14888 公顷)处于过渡期的第一年,503 家农场(占地 10793 公顷)处于过渡期第二年。澳大利亚以环境保护为基点,建立了农林牧和粮林饲相结合的可持续发展的农作体系。

(2)国外现代农业循环经济模式发展的历史脉络

"生态农业"一词最早见于欧洲 1924 年鲁道夫·斯蒂纳主讲的《生物动力农业》课程。20 世纪 30、40 年代,生态农业在瑞士、英国和日本得到发展。从 20 世纪 90 年代开始,生态农业得到国家的补贴支持,世界各国生态农业有了较大发展。目前在世界上实行生态管理的农业用地中,澳大利亚生态农业用地面积约占一半。从循环经济理论来说,生态农业符合循环经济的原则,是农业循环经济的雏形之一。

1972年联合国在斯德哥尔摩召开的人类环境会议,通过了《联合国人类环境会议宣言》,开始把环境保护和节约资源,拯救地球,实现农业的可持续发展提到了重要议程,以减少和节约能源和资源、保护生态环境,实现农业可持续发展为目的的以生态农业为主要形式的农业循环经济开始大行其道(Brown B. J,Hanson ME,Meredith,1987)。这是因为在农业现代化过程中,化肥的大量与长期使用,致使土壤板结,肥力降低;过度使用农药,残留农药通过食物生态链被人体吸入,给人类的身体和动植物的生长与生存造成极大的威胁,塑料地膜发动的"白色革命"变成了危害极大的"白色污染",无数的烟囱越来越多地排放废气形成的酸雨,严重地影响农作物的成活、生长与产量;大量的工业废水危及和危害农业生产的事件令人触目惊心;过度开采地下水,使得地下水位下降,水资源减少,不仅影响了农业生产的发展,而且造成土地的沙化、盐碱和沉降变形。①总之,欧美地区率先步入工业现代化阶段的发达国家加快推进农业现代化,加剧聚集财富,不择手段地掠夺和破坏自然资源,破坏自然生态环境,形成了"高投入、高产出、高能耗、高污染"的经济发展模式。另一方面,发展中国家和欠发达国家为了生存和发展,不得不以落后的生产方式,大规模毁林开荒、滥垦滥伐、广种薄收,导致大面积水土流失、土地沙化、耕地盐碱化和荒漠化。

持续农业源于"持续发展",是实施可持续发展战略的重要组成部分。1981年世界银行最早提出持续农业,1985年美国最早把"持续发展"思想应用于农业并于1986年通过了《可持续农业法案》。1987年世界环境与发展委员会提出了"2000年:转向可持续农业的全球政策"。1989年联合国粮农组织(FAO)第25次大会通过了有关持续农业发展活动的决议。1991年4月,联合国粮农组织在荷兰召开的国际农业与环境会议上,发表了可持续农业和乡村发展的《丹波宣言》。《丹波宣言》提出的3大战略目标之一,就是保护资源和环境的永续良性循环。为达到这一目标,要采取各种实际有效的措施,合理利用、保护和改善资源与环境条件,促使这些客观条件能够与人类社会协调发展,永续地处于良性循环之中。《丹波宣言》突出地保护农业资源和环境的永续良性循环目标,鲜明地体现了循环经济的理念,在加快促进工业循环经济发展的同时,将工业循环经济的"减量化、再利用、资源化"原则扩展并延伸到农业中去,转变传统的农业生产方式与农业经济增长模式,以实现农业的可持续发展(汤天滋,2005)。1992年在

---

① 陈良:《农业循环经济的客观必然性与模式选择》,《农村经济》2006年第10期。

巴西召开的联合国环境与发展大会,提出了以人的全面发展为目标,经济、社会和资源、环境协调持续发展的新发展观,进而把农业的可持续发展推向了一个新的阶段,大力发展农业循环经济在农业可持续发展中的地位和作用更加突出。在自然环境愈发恶劣的情况下,2009年12月联合国在哥本哈根召开气候变化大会,达成了《哥本哈根协议》。要求世界各国实现温室气体减排和控制,60多个国家递交了到2020年承诺,这些国家温室气体总排放量占目前人类总排放量的78%。中国的减排目标已经作为约束性指标纳入国民经济和社会发展的中长期规划,保证承诺的执行受到法律和舆论的监督。对国际社会,我们承诺加强对节能、提高能效、洁净煤、可再生能源、先进核能的普及利用与封存等低碳和零碳技术的研发和产业化投入,加快建设以低碳为特征的工业、建筑和交通体系。制定配套的法律法规和标准,完善财政、税收、价格、金融等政策措施,健全管理体系和监督实施机制。显然,农业的可持续循环发展也是我国必不可少的策略之一。由于世界各国进行现代农业化的进程不同,各国资源、地理、经济技术等条件的差异,发展农业循环经济的内容与形式也有所不同。除生态农业大行其道之外,以循环经济为主要形态的无害化农业、精确(准)农业、绿色农业、节水型农业、高效农业等亦相继出现与发展。需要强调的是,经济发达国家在实现农业现代化的进程中,由于疯狂地掠夺不发达国家的资源,因此这些国家的农业循环经济,主要体现在农业的生态环境保护与治理上,体现在发展生态农业上。

总体看来,国外农业循环经济的发展起源于生态农业,基于可持续发展的要求,提出了多种实践模式。

3.3.2　国内现代农业循环经济模式发展的脉络

与国外的发展历程一样,我国农业循环经济的发展最初也是从生态农业开始的。我国生态农业是马世俊先生在20世纪80年代初提出的,经过20多年的实践,已经形成了其独特的内涵,即运用生态学、生态经济学原理和系统科学的方法,把现代科学技术成就与传统农业技术的整体有机结合,把农业生产、农村经济发展、生态环境治理和保护资源的培育与高效利用融为一体,建立了具有生态合理性、功能良性循环的新型综合农业体系,实现了高产、优质、高效与持续发展的目标,达到经济、生态和社会三大效益统一。

回顾这20多年的发展,中国的现代农业循环经济从反思到试点,然后逐步推广,最后发展,经历了一段不寻常的发展历程。主要分为四个阶段:

①起步阶段

在20世纪80年代,改革开放的初期,各类工业产业蓬勃发展,但随之而来的工业"三废"污染以及自然灾害的日渐加重,使农业面临着严重人口、资源、环境问题的威胁。1984年年初,在第二次全国环境保护大会上,李鹏总理宣布《国务院关于环境保护工作的决定》,明确提出各级环境保护部门要会同有关部门积极推广生态农业,防止农业环境的污染和破坏。

②初级阶段

从国家明确提出发展生态农业开始,大约10年时间,进行了宣传循环农业的重要意义,普及循环农业知识;开展一系列理论探索,构建中国特色的循环农业理论技术体系以及在农村开展试点,树立典型。

③中级阶段

20世纪90年代,经历了10年时间,循环农业不仅在数量、质量上,而且在规模上都有所提高,开始进入大规模的建设。

④高级阶段

这也是循环农业高速发展的阶段;从21世纪初开始到以后的三、四十年,我国按照自然资源分布、农业自然生态类型,划分生态类型区域,全面开展循环农业试点建设,从根本上遏制生态环境恶化,建立适应农业循环发展的生态系统,实现经济增长、社会发展和生态环境三者之间的良性循环。

目前中国循环农业建设取得了令人瞩目的成就,已经建设了101个全国生态农业试点县,300多个试点乡、镇,500多个试点村(场)。早在1987年,我国的留民营村就被联合国环境规划署命名为世界循环农业新村,并被评为全球环境保护500佳,标志着我国循环农业的建设研究已处于世界领先地位。

3.4 农业循环经济发展模式趋势分析

农业循环经济是对传统的依赖资源消耗的线性经济增长的否定,既是一种新的经济增长方式,也是一种新的污染治理模式,同时也是经济发展、资源节约与环境保护的一体化战略措施。农业生产是自然再生产和经济再生产相交织的产业部门,在很大程度上依赖于作物的自然生长以获得收成。而传统农业对生态资源的利用则是粗放型、掠夺性的,往往形成"先掠夺、再补充、再掠夺"的恶性循环,造成农田肥力下降、农产品品质降低,并形成大面积污染。循环农业则强调农业发展中的生态耦合效应,这是因为不同作物在生产过程中确实存在着互补、互利因素。因此,应切实转变农业经济发展传统理念,在农业生产中注重社会效益、经济效益和生态环境效益的统一。然而,现行的农业经济发展模式已表现出对自然生态环境的严重破坏,长此下去,必然导致经济的停滞和下降。未来一段时间内,必须转变传统的发展理念,采取各种措施,进一步强调社会效益、经济效益与生态环境效益的统一,走"优质、高产、高效、可持续"的发展道路。

第一,打造农业循环经济发展框架。以"四个方面"为主线,即以粮食及其他农副产品加工为龙头依托加工企业发展循环经济链条,以畜牧、水产品生产加工企业为依托的畜牧、水产品加工循环经济链条,以林业及其加工业为依托的林业循环经济链条,以秸秆综合利用为重点的秸秆循环经济链条,形成循环经济框架,加快传统农业向工业型大农业发展的步伐,培植农业循环经济载体。一方面,搞好农业循环型工业园区建设,制定农副产品加工企业聚集的工业园区发展规划。以生产要素为纽带,将具有上下游共生关系的农副产品加工企业集中在一个相对封闭的园区内,实现有害污染物在园区内的闭路循环。另一方面,做好农副产品出口基地园区建设,大力推进出口农产品的清洁生产,使农副产品达到质量环保等方面的出口标准。

第二,进一步探索农业节本增效新途径,逐步实现粗放农业向可持续农业的转变。如实施"藏粮于土"、"藏粮于科技"战略,保持和提高我国的粮食综合生产能力,处理好农业结构调整、农民增收和粮食安全的矛盾,进一步调整优化农业结构。加快优势产业带建设,发挥集约种植优势,提高规模效益,推广立体种植和间作套种技术,不断提高复种指数。提高耕地的综合产出效率,做好测土配方平衡施肥技术的推广和应用,配合滴灌技术,逐步实现粗放农业向可持续农业的转变。

第三,多方面综合配套、协调努力,共建循环型农业。转变发展理念,把推进农业经济全面、协调、可持续发展作为重中之重,研究制定区域可持续发展的政策措施,加快转变农村经济主体生产经营理念,充分认识发展循环经济是可持续发展的客观要求,只有早转变才能早受益;在农村居民中树立符合循环经济发展的消费观念,通过大力宣传和政策推动,提倡健康文明、有利于节约资源和保护环境的生活方式与消费方式,形成农村绿色消费氛围。当然,农业循环经济的实施,不仅是要推行新的生态系统观,而且是要求人类在发展农业生产和产品消费的过程中,把自己作为生态系统的一部分,研究符合自然环境和社会经济发展规律的经济运行方式,也就是实现人与自然的和谐共处、共同发展,使人类经济社会的循环与自然界物质循环更好地融合起来,实现区域物质流、信息流、能量流、资金流的系统优化配置。由于农业循环经济是新的经济发展观,因而其经济活动应在生态系统可承载的范围内进行(唐中彦,2005)。这即是指我们常说的生态系统承载力,超过系统承载力的经济循环会造成生态系统的退化。农业循环经济是自然再生产和经济再生产相结合的产物,更应采用先进的生产技术、替代技术、减量技术和共同链接技术、废弃资源利用技术以及零排放技术等,并要求其既遵循自然规律,又遵循经济规律,在建立循环经济的支撑技术体系上下工夫。

此外,在考虑自然资源时,不仅要考虑自然资源的开发利用,而且要考虑维持生态系统良性循环和资源的可持续利用。在考虑科学技术时,不仅要考虑其对自然资源的开发能力,而且要充分考虑到它对生态系统的维系和修复能力,使之成为有益于环境的保护技术。在考虑人类自身发展时,不仅要考虑人对自然的改造能力,而且要重视人与自然和谐相处的能力,促进人的全面发展,树立新的生态系统价值观。[①] 同时,还应树立新的生产和产品消费观。发展生产要从循环利用资源、节约能源、清洁生产上下工夫,并且从生产的源头到全过程充分利用资源,最大限度地减少废弃物排放,使上游企业的废弃物成为下游企业的原料,实现区域或企业集群的资源最有效利用,通过生态链,把工业与农业、生产与消费、城区与郊区、行业和行业有机结合起来,实现可持续发展,形成循环型社会,提倡绿色消费,也就是物质的适度消费、层次消费。在日常生活中,应鼓励多次性、耐用性消费,减少一次性消费。在消费的同时,还应考虑到废弃物的资源化利用,建立循环生产和利用的绿色消费观。

① 孙颔、沈煜清、石玉林等:《中国农业自然资源与区域发展》,江苏科学技术出版社 1994 年版。

04 农业循环经济发展模式的经验总结与借鉴

农业循环经济模式是循环经济理念和可持续发展思想在农业中的体现,是农业发展的必然趋势。本章简述了国内外农业循环经济发展实践中的主要做法,概括了这些国家和地区在政策、体制方面的成功经验,在此基础上,总结归纳了其对我国发展农业循环经济模式的启示。

4.1 农业循环经济发展的典型模式

4.1.1 国外农业循环经济发展的典型模式

在国外,许多国家已开始农业循环经济的实践,不过多数习惯将其称为生态农业。其实,不管生态农业还是农业循环经济,其目的都是为了协调环境与发展之间的矛盾,实现农业可持续发展。从这一点上看,生态农业和有机农业与发展农业循环经济具有价值目标上的一致性。因此可以认为,生态农业和有机农业是发展农业循环经济的一种手段或途径。国外许多发达国家由于自然资源、地理条件、气候等方面的差异,采取了不同的农业循环方式进行生产,主要包括精准农业、生态农业、永久农业、节水型农业等农业循环模式。应用这些模式比较突出的主要是美国、德国、英国和以色列等国家(王春祥等,1998)。除以上几种农业循环经济模式外,还有澳大利亚的平衡农业、日本的以发展有机农业为主的环境保全型农业、阿根廷的"免耕直播法"等,目的都在于最大化减少农业资源投入,减少农业生产造成的污染,保护生态环境。

(1)美国的低投入可持续农业模式

美国是世界上最早倡导农业循环经济的国家,基本目标是建立一种保护农业生态环境的农业生产体系,曾提出"低投入持续农业"的构想。所谓低投入可持续农业,是指通过尽可能减少化肥、农药等外部合成品投入,围绕农业自然生产特性利用和管理农业内部资源,保护和改善生态环境,降低成本,以求获得理想的收益,这也正体现了农业循环经济的减量化原则。[①] 目前,美国已形成了一套完整的持续农业理论和目标、措施,在具体实施方式中较为突出的有:作物轮作,即在可行范围内利用合理的轮作来抑制杂草和病虫害,改善植物养分供给、防止水土流失,这是美国可持续农作制度的一项核心内容;农牧结合,即从种植制度安排到生产、销售等各个方面将种植业和养殖系统紧密相连,按照养殖规模调整种植业的结构,牲畜粪便通过输送管道或直接干燥固化成有机肥还田,在种植业和养殖业直接形成相互促进、相互协调的关系。此外,美国的低投入可持续发展农业广泛实施的具体模式还有以生物防治为主的病虫害综合防治模式、利用农场内部有机肥的土壤管理模式等。

美国从 20 世纪 80 年代后期开始,为推进农业的可持续发展,连续实行了"购买性资源低投入计划"和"持续农业研究和教育计划"两个重要计划。将政府的"农业政策法规"、"财政支持"、"农业科技研究"、"农业科技推广"和"农业教育"有机结合起来,实行"五位一体"的农业循环经济发展模式。[②] 通过立法和财政拨专款的方式,建立对生态环境有利的农业生产体系;构建全国性可持续农业研究网络,在联邦一级由全国性联邦委员会对涉及全国性的各大农业生态区的重要研究课题与相应经费进行决策,在地区一级,借助各州立大学的有利条件,将指导委员会挂靠在某个州立大学;注重信息服务,在农业部图书馆建立"备择农作系统信息中心",搜集全球有关可持续农业的研究论文、报告、专著,并编辑出版光盘索引,供研究推广工作者使用;农民广泛参与,在实施可持续农业研究与教育计划过程中,农民不仅参与研究课题的立题与审议活动,而且一些农民还率先进行实地研究与实践。美国农业部对生态农业的定义是:生态农业是一种完全不用或基本不用人工合成的化肥、农药、动植物生长调节剂和饲料添加剂的生产体系。生态农业在可行范围内尽量依靠作物轮作、秸秆、牲畜粪肥、豆科作物、绿肥、场外有机废料含有矿物养分的矿石补偿养分,利用生物和人工技术防治病虫草害。目前,美国生态食品销售量每年以 20% 的速度增长,2003 年约为 130 亿美元,生态食品的种类几乎包括所有传统食品种类,生态谷物、水果、蔬菜、坚果和香料市场都达到一定规模。美国生态农业还有一个特点就是高度的现代化,它广泛使用生物工程技术中的基因工程、细胞工程、生物酶转化工程、发

① 汤天滋:《主要发达国家发展循环经济经验述评》,《财经问题研究》2005 年第 2 期。
② 叶谦吉:《生态农业·重庆》,重庆出版社 1988 年版。

酵工程,其生态农业正引发一场新的科学革命。另外,"精准农业"也源于美国,其本意是以农产品质量为核心,通过构建先进的农业技术支撑体系,实现以最少的投入带来优质产出。"精准农业"是目前世界上科技含量最高的现代农业生产管理技术之一,是实现优质、高产、低耗和环保农业的有效途径。实践证明,这些模式有利于农业可持续发展,但其生产效率相对较低(王惠生,2007)。因此,后来又提出"高效率可持续农业"模式,该模式注重农业的生态原则和对农业生产各个环节的科学管理,强调依靠科技进步来促进农业生产效率的大幅度提高,通过合理使用化学制品来减少环境污染,切实保护生态环境。

(2)日本的"环境保全型农业"发展模式

当农业可持续发展浪潮到来时,日本很快接受这一理念,推出了以合理利用资源和有效保护环境为基础的"环境保全型"农业持续发展模式。"环境保全型农业"是日本在1992年6月10日发表的《新的食品、农业、农村政策的方向》中作为农政新目标提出的,并一直沿用至今。日本将环境保全型农业定义为灵活运用农业所具有的物质循环机能,注意与生产率相协调,通过精心耕作,合理使用化肥、农药等减轻环境负荷的可持续农业。其基本内容是:以有机物还田与合理轮作为基础,通过对人工合成化学制品的限制利用和生物肥料、生物农药的大力开发与扩大应用,促使永续利用资源,将有效保护环境同提高农业生产力紧密结合起来,以达到农业可持续发展的目的。农业不仅应为人们稳定地提供食品,还应该与环境相协调,为创造和保护国土作贡献(王军、王文兴、刘金华,2002)。

环境保全型农业的主要类型为:减化肥、减农药栽培型,主要是利用已有技术在保证单产、产品品质不下降的前提下,确定环境容量和环境标准,合理减少化肥、农药的使用量,以减轻农业生产对环境的污染、降低食品中有毒物质含量,通过有效利用土壤诊断技术,施用缓效性肥料,形成机械除草体系和病虫害观测预防体系;再生利用型,通过充分地利用当地的有机资源,对农业产生的废弃物进行再生利用,减轻环境负荷,例如将家畜粪便经堆放发酵后就地还田作为肥料使用、将污水经处理后得到的再生水用于农业灌溉等,这都是充分利用农业再生资源较为有效、经济的措施;有机农业型,在生产中不采用通过基因工程获得的生物及其产物,不使用化学合成的农药、化肥、生长调节剂、饲料添加剂等物质,遵循自然规律和生态学原理,协调种植业和养殖业的平衡,采用一系列可持续发展的农业技术,维持农业生产过程的持续稳定,选用抗性作物品种,利用秸秆还田、施用绿肥和动物粪便等措施培肥土壤,保持养分循环,采取物理和生物的措施防治病虫草害,采用合理的耕种措施保护环境,防止水土流失,保持生产体系及周围环境的基因多样性等。

日本政府确定环保型农户的标准是拥有耕地 0.3 公顷以上,年收入 50 万日元以上。环保型农户须经申请,并附环保型农业生产实施方案,报农林水产县行政主管部门核实审查后,报农林水产省审定,对合格的确定为环保型农户,银行可以提供额度不等的无息贷款,贷款时间最长可达 12 年。在设施农业建设上,政府或协会提供 50% 的资金扶持,在税收上第一年可减免 7%—30%,往后 2—3 年内还可酌情减免税收。另外,对有一定生产规模和技术水平高、经营效益好的环保型农户,政府和有关部门可将其作为农民技术培训基地、有机食品的示范基地、生态农业观光旅游基地,以提高为社会服务的综合功能。据农林水产省统计,到 2001 年底,日本全国从事环保型农业的农户达到 50 万户,占农户总数的 20.6%。

此外,日本循环农家肥中心利用现代技术把家畜粪便、稻壳和发酵菌类混合在一起,并配上除臭装置,用制成的农家肥取代化肥,不仅具有环保意义,而且还生产出绿色食品。

(3)德国的"综合农业"发展模式

德国是农业强国,经营模式主要以家庭农场为主,是世界上第四大农产品生产和食品出口国。德国也是欧洲国家中发展循环经济水平最高的国家之一。在农业上,德国也曾经是世界上生产和使用化肥、农药最多的国家,虽然农业现代化获得了持续增产和高产,但也带来了诸如水源污染与环境破坏、农产品质量下降和生产过剩等严重的社会问题。德国是发展循环经济较早、水平较高的国家,要求在农业生产中不使用化学合成的除虫剂、除草剂,使用有益天敌或机械的除草方法;不使用易溶的化学肥料,而是有机肥或长效肥;利用腐殖质保持土壤肥力;采用轮作或间作等方式种植;不使用化学合成的植物生长调节剂;控制牧场载畜量;动物饲养采用天然饲料;不使用抗生素,不使用转基因技术。

德国政府提出了"综合农业发展模式"。其主要内容包括:一是综合农业与生态系统平衡,综合农业的实施以不破坏自然环境为前提,且必须与生态系统要求的平衡过程相一致;二是综合农业与土壤保护,农业经营要因地制宜,合理轮作,施用钙肥,综合植保;三是综合农业与水源保护,合理规划农田,避免在水淹区进行耕作,在水域周围建立保护绿地,合理栽培,实施最佳施肥法等;四是综合农业与经济,发展综合经济必须协调好经济效益与环境保护等多方面的关系,发挥政府宏观调控作用,并根据不同时期的社会经济状况来具体实施。同时德国还成立了"综合农业促进联合会",集农业、农业管理、农业经济、农业技术、农用化工和植物保护等方面的协会于一体,目的在于通过深入研究综合农业的技术和管理措施,使农业生产方法更有利于对自然环境的保护(刘荣章、翁伯琦、曾玉荣等,2006)。直到1991年生态农业在德国还处于由大众传媒宣传鼓动的"造势"阶段。到2001年底,德国已经有14702个农业企业在按照"欧盟生态农业指令"的有关规定从事生态农业经营,占农业企业总数的3.3%,其经营面积的总规模超过了634,998公顷,占全德农用地的3.7%。与2000年相比,从事生态农业经营的企业数量增加了15.4%,面积扩大了16.3%(近9万公顷)。虽然生态农业在整个农业中所占的比例还很低,但其发展速度是非常迅速的,特别是在2001年的"疯牛病危机"之后,德国各级政府都大大加强了对生态农业发展的资助力度,民众对生态农产品的消费需求也大大提高。

(4)瑞典的轮作型生态农业模式

近年来,瑞典生态农业发展迅速,处于世界领先地位。瑞典生态畜禽养殖主要采取室外放养、喂养生态饲料等方法,所用饲料是自己生产的没有用过化肥和农药的饲料(以牧草和燕麦为主)。畜禽传染病以预防为主,一般不吃药,如果吃了药,要于三个月后方能屠宰。用过抗菌类药的禽畜要满1年后才能出售,以保证禽畜体内不残留对人不利的成分。关于生态种植粮食作物,规定只能使用猪粪、牛粪、羊粪等天然肥料,不用化肥和农药,为使土地保持肥力并减少病虫害,他们实行轮作,轮作规律是每四年循环一次,即轮种小麦、豆类、牧草、燕麦等,作物中的杂草主要靠人工清除。在瑞典,生态作物产量低于普通作物产量,如小麦低15%—20%,但生态小麦售价高,每公斤3克朗(1克朗≈0.78元人民币),普通小麦每公斤只有1.2克朗。

目前,瑞典经营生态农业的农户已超过3%,并且越来越多的农民愿意从事生态种植和养殖,有四百多家工厂加工生产各类生态食品,当前的趋势是生态食品求大于供。瑞典政府和议会已作出决定,在几年内要把10%的耕地转为生态种植。

(5)菲律宾的玛雅农场模式

菲律宾是东南亚地区生态农业发展比较迅速的国家。他们认为,农业是自然资源管理的手段,而农业的本质是一门生态工程学。只要人类希望继续生存和进一步繁衍,现代农业就必须沿着生态学的方向发展。基于这种认识,近年来,菲律宾的生态农业有了蓬勃的发展,既有中型规模的生态农场,也有小规模的家庭生态农场。按其生产结构大致有如下几种类型:畜牧业与种植业结合型;畜牧业、渔业与种植业结合型;渔业与畜牧业结合型;畜牧业与果蔬种植业结合型;渔业与稻田结合型;渔业与果蔬种植业结合型;旱地农牧渔结合型;旱地农牧结合型。除了以上的形式以外,还有一些不同的组合类型。当前菲律宾的生态农业发展,不论实践还是理论研究,均达到了较高水平,涌现出像马亚农场等具有世界影响的先进典型(郭铁民、王永龙,2004)。

位于菲律宾首都马尼拉附近的玛雅农场的前身是一个面粉厂。到了1981年,农场已拥有36公顷的稻田和经济林,饲养了2.5万头猪、70头牛和1万只鸭。为了控制粪肥污染和循环利用各种废物,他们陆续建立起十几个沼气生产车间,每天产生沼气十几万立方米,提供了农场生产和家庭生活所需要的能源。另外,从产气后的沼渣中,还可回收一些牲畜饲料,其余用做有机肥料。产气后的沼液经藻类氧化塘处理后,送入水塘养鱼养鸭,最后再取塘水、塘泥去肥田。农田生产的粮食又送面粉厂加工,进入又一次循环。这样一个大规模农工联合生产企业,不用从外部购买原料、燃料、肥料,却能保持高额利润,而且没有废气、废水和废渣的污染。这样的生产过程由于符合生态学原理,合理地利用资源,实现了生物物质的充分循环利用,构成了典型的农业循环经济模式。1980年,在玛雅农场召开了国际会议,与会者对该生态农场给予高度评价。

(6)以色列的无土农业与节水农业模式

以色列是建立在沙漠上的国家,土地资源极其匮乏,因此必须把发展无土农业作为发展农业的重要一环。以色列充分发挥自己的高科技优势:一是直接向植物提供无机营养液,以代替由土壤和有机质向植物提供确保其生长发育所必需的营养;二是采取将太阳能以有氧吸收的方式直接转化为热量的栽培方式。目前,以色列无土玫瑰年均产量可达每平方米150枝;若按中国计量单位,无土甜椒产量达每亩6500公斤,无土樱桃香茄每亩3500公斤,大西红柿每亩15000公斤。苹果、樱桃、油桃、杏、葡萄等也采用无土双倍篱壁式栽培技术,都取得了很好的收益。这种无土生产方式既无污染又节约土地资源,具有可持续性,是发展现代生态农业的成功尝试。目前,在以色列的农业结构中,基本形成了粮食、经济作物、林业、畜牧业和渔业协调发展的良性态势,实现了可持续发展。

以色列是干旱缺水国家,人均水资源只有300立方米,在农业生产中十分重视开发节水技术,成为世界上节水灌溉最先进的国家,节水灌溉技术在农业现代化中发挥了极其重要的作用。农业灌溉已经由明渠输水变为管道输水,由自流灌溉变为压力灌溉,水要求进行适时、由粗放的传统灌溉变为现代化的自动控制灌溉,按照作物的需适量灌溉。压力灌溉由电脑控制,根据植物需求,先将化肥溶入水,把水通过塑料管直接送到作物最需要水的根部,水肥灌溉,一气呵成,大大提高了水的利用率,减少了化肥对作物和环境的污染,实现了农业灌溉领域的一场革命。以色列55%的耕地面积已实现节水灌溉。由于农业节水技术先进,以色列建国50多年来,农业灌溉用水从8000吨/公顷下降到5000吨/公顷,可耕地面积增加了近180万公顷。滴灌技术的发明使以色列农业用水总量30年来一直稳定在 13 亿立方米,而农业产出却翻了 5 倍。近年来又开发成小型自压式滴灌系统。如今,世界上已有 80 多个国家使用以色列的滴灌技术。

以色列虽然私人经济十分发达,但水资源的管理权和使用权却牢牢控制在国家手中。此外,先后制定了《水法》、《水计量法》、《水井控制法》等一系列法规,并予以严格执行。另外,设有"国家水利委员会",负责制定全国水利政策、分配配额,以及防止污染、研制海水淡化设备、保护土壤和排污等工作。

(7)阿根廷的"免耕直播"模式

阿根廷素有"南美粮仓"的美名,在农业生产中打破"种地必先耕地"的传统,广泛应用"免耕直播法"。免耕直播法,就是一种效益很高的农业新技术。使用这种新技术,既能提高农业产量,又能有效地保护土地的自然环境,以利于农业的可持续发展。按照传统的耕作方法,人们在播种之前必须先翻耕和平整土地,然后再把种子放入垄里。采用免耕直播法,土地不翻耕,用经过改装的轻型播种机的特殊小犁头把地表盖着的秸秆杂草层拨开,深度恰好接触到泥土,然后把种子播撒到表层土中。由于表层土长期被秸秆杂草覆盖,一般都很湿润,加上微生物丰富,土质也比较松软,种子播撒后会比较快地发芽,也很容易把根扎下去。种子发芽后,土层上的秸秆杂草恰恰成了呵护小苗的保护层。这样,既能节省采用机械收割秸秆的能源消耗和人力成本,又能减少水资源的消耗,省时、省力、省能源的优势体现得尤为明显。这种"不耕而种"看似原始的生产方式在今天越来越体现出增产、环保、降低成本的众多好处。现在,除阿根廷之外,美国、巴西、加拿大等许多国家都在推广免耕种植,全世界至少有 6000 万公顷的土地实施免耕直播。

(8)澳大利亚的平衡农业模式

澳大利亚非常重视环境保护,尤其强调植被覆盖率和土壤肥力的恢复与提高。为此,澳大利亚各地针对降水、土壤肥力、气候特点等,通过长期定位观测、系统模拟和试验研究,普遍建立了粮草作物轮作种植制度。在这种轮作系统中,由于引入高产、优质、抗旱、抗病的豆科作物和牧草,通过合理轮作,收到了水土保持和培养地力的双重效果。与此同时,大力提倡农作物秸秆覆盖还田,增强土壤地力恢复,推广种植业的轮作体系与林业、畜牧业生产的有机结合,构成粮、林、饲的合理三元结构,这种方式有效地促进了农林牧业的可持续发展。

澳大利亚是世界上降雨量最少的大陆之一,年平均降雨量 470 毫米,且时空分布不均,有近 40% 的地区年降雨量不足 250 毫米,并且其河流稀疏,无流区面积较大。为了限制用水,发展节水灌溉和旱作农业,澳大利亚出台了一系列政策措施:①鼓励农场改造灌溉渠道,推广应用先进的微喷、滴灌节水技术,以改变传统灌水方式。②鼓励种树,加强生态环境保护,政府对种树农场提供相应的补助。③严格用水配额,不允许农民私自建坝拦水。④政府出资鼓励科研机构进行节水技术研究,对节水技术和产品实行产业化开发。

4.1.2　国内农业循环经济发展的典型模式

我国农业循环经济起步时间较短,还没有形成比较完善的发展模式、技术和支撑保障措施,但各个地区农业循环经济的发展势头可谓与日俱增。通观我国各个地区的农业循环经济发展实践,可以主要归纳为以下几种类型:

(1)政府主导的大循环模式

由政府采取有效措施,形成各产业部门之间,在质上相互依存、相互制约,在量上按一定比例组成的多功能有机整体。包括农业生产子系统、加工业子系统、居民生活消费子系统,各系统分别有产品产出、产品消费,各系统之间通过中间产品和废物的交换而互相衔接,从而形成一个比较完整和闭合的生态产业网络,其资源得到最佳配置、废物得到有效利用、环境污染减少到最低水平(王军、王文兴、刘金华,2002)。

比较典型的有江苏省吴江县。政府在认真总结经验的基础上,制定全面的农业发展规划,在稳定粮食生产的基础上,充分利用本地资源,发挥自身优势,积极发展无污染、少污染的农产品加工业和林、牧、副、渔各业生产,重点发展植桑养蚕和缫丝等苏南地区传统产业,为纺织、服装行业提供原料,逐渐形成了植桑、养蚕、缫丝、纺织、丝绸服装加工一条龙生产。该模式在政府的积极引导之下,使产业链条合理延长,形成农、副、工相互促进的联合生产系统的良性循环,取得了显著的经济效益和环境效益。

再比如山东省东营市围绕着种植业、养殖业和农副产品加工业的生态化,初步构建了畜牧、蔬菜、粮棉、水产、冬枣等五大龙头产业集群,五大集群内部各自建立起生态产业化链条,五大链条各自形成了资源循环。在此基础上,又在产业集群间构筑起农副产品精深加工的产业化链网,其原材料充分加工利用后,将产生的废料作为有机肥料或者饲料培植地力、发展畜牧业,促成农业的安全、生态、高效发展,形成相对完整的生态系统网络,最大限度地提高资源综合利用率,减少污染排放量。①

(2)农业循环经济示范园区为主体的中循环模式

这种模式与工业生态园区模式有相似之处,是通过把有联系的、可以互相提

---

① 任正晓:《农业循环经济概论》,中国经济出版社 2007 年版。

供资源、消纳废物的几种农业生产组织到一个规划空间内,进行统一管理、生产运作,以此达到园区内农业资源利用效率最大化、废物排放最小化和农业生产效益最大化。农业循环经济示范园区是模仿生态经济系统,应用生态系统中的物种共生、物质循环再生和生物能多层次利用的原理,结合系统工程的最优化方法而设计的多层多级利用物质和能量的生产工艺系统。

比较典型的是甘肃省临泽县城银光公司的"生态圈":万头猪场的猪粪通过发酵池高温发酵后,产生有机物,引入喂养着鱼和河蟹的养鱼池,猪粪中没有完全消化的食物可供鱼蟹食用;鱼池的水产生大量微生物,是很好的灌溉水源,通过高温消毒、灭菌,并加入微量元素,引进日光温室,通过滴灌直达蔬菜根部,蔬菜的根叶茎又可喂猪。由于很好地利用了相互循环的"生物链",不仅降低了成本支出,而且减少了化肥和农药的使用,使农产品符合无公害生产标准,质优价高。

(3)企业为主体的小循环模式

此种模式以实力较强的农业生产和产品加工企业为龙头,从清洁生产、绿色管理抓起,在农业生产和农产品加工业之间建立起一体化经营的循环经济模式。模式以"物料闭路循环"和能量梯级利用为目标,将一种农产品加工过程中产生的废物资源化,使其成为生产另一种产品的原料,根据不同的对象建立原材料多层利用和循环使用、节能和能源的重复利用、"三废"的控制与综合利用等良性循环系统,进而带动一批农产品附生行业,如此通过这种农产品加工企业的前向和后向的拉动效应,形成了一种独特的农业循环经济共生体。

比较典型的有山东省广饶县华誉集团、凯银集团等,这些畜产品加工企业生产分割制品、熟肉制品、含肉食品后,产生的废物作为饲料加工厂的原料,将羽毛、骨骼等经过再加工生产出蛋白饲料,畜禽粪便作为生物有机肥厂的原料,经过专业化处理后,生产出有机复混肥,回到大田,既保护了环境,也提高了经济效益。由此,企业与周围地区的农业形成一个经济效益和生态环保效益均衡发展的统一体。

再比如河南省郸城县的莲花集团,集团内的产品和产业链条是:小麦经工业面粉厂加工成工业面粉,进入谷月元粉厂分离出谷月元粉推向市场,生产的小麦淀粉经制糖、发酵、精制生产出味精、氨基酸等产品。小麦初加工过程中生产的鼓皮,味精生产过程中产生的糖渣等,每年经饲料公司加工成动物饲料 50 万吨,反哺农业。味精生产中发酵工段产生的高浓度有机废水,经浓缩、喷浆造粒和喷雾干燥等工艺,每年生产优质有机、无机复合肥 20 万吨,回到大田。莲花集团与周围地区的农业,自然而然形成一个经济效益和生态环保效益均衡发展的统一体,并带动近 2 万人就业,产生了良好的社会效益。

(4)"家庭绿岛"式的微循环

以单个家庭为主体,在庭院内或庭院周围的有限空间内,运用循环经济理念和技术手段,有效利用庭院空地资源,发展家庭实用性果菜栽培、家禽饲养等家庭农业,并建立沼气池处理有机垃圾,资源再生,生成有机肥,肥料还田,维持土地质量,沼气提供家庭生活能源之用。这种方式是我国目前最为普遍的,也是最为快捷的微型农业循环经济建设模式(吴季松,2006)。

比较典型的有北京大兴县留民营村的家庭规模型循环经济发展模式。家用沼气池在留民营村有一定的基础,村民充分利用这一条件,将建于屋前的沼气池、厕所和猪圈相通,猪圈为两层的小房,上层养鸡或兔,下层养猪。沼气池上盖一塑料小棚,既利于沼气池保温,又可在棚内养花、种菜。鸡(或兔)粪由上层通过条隔板进入下层猪圈,成为猪饲料的一部分。猪粪和厕所里的粪便流入沼气池,加入部分青草和秸秆产生沼气。沼气供给农民生活燃料,沼液、沼渣又是棚内蔬菜和花草的好肥料。菜叶、花茎是鸡(兔)的饲料,又可发酵产生沼气。这样就形成了一个鸡(兔)—猪—沼气—菜(花)的小型循环系统。

又如河南省周口市在农村建立和推广的生态经济型家庭经济,以生物食物链为平台,构建以"种养加"和沼气为链条的微型循环经济,解决厕所卫生、畜圈卫生、秸秆汽化、排除污染、庭院绿化和利用太阳能、风能等一系列问题。逐渐摸索出建设猪—沼—楼"三位一体"的生态家园模式,即在生态家园内建设楼房,楼上养猪,楼下建沼气池,园内建养鱼池,粪便入沼气池,沼气做能源、沼液养鱼、沼渣肥土地,形成"养猪不垫圈、照明不用电、做饭不需柴和炭、种菜不花化肥钱、绿色产品无污染"的家庭庄园式生产格局,实现了生物质能的循环利用(吴铭、蟹岛,2003)。

4.2 农业循环经济发展模式的经验借鉴与总结

第二次世界大战以后,西方一些发达国家相继进入农业现代化的发展阶段,高投入、高产出的现代化农业依靠工业机械,投入大量农药和化肥,在创造农业增产奇迹的同时,带来了土壤侵蚀、水污染、土壤养分丧失和病虫害暴发以及资源破坏等一系列生态灾难。面对农业生态环境日益恶化的现实,人们开始反思和重新审视现代农业的发展模式,逐渐尝试进行了农业循环经济的实践探索。在国内,也开展了农业循环经济的初步探索。总结国内外农业循环经济的典型模式与实践经验,有助于农业循环经济的顺利发展。尤为重要的是,发达国家在农业循环经济发展实践中积累的成功经验,值得中国学习和借鉴。

4.2.1　国外农业循环经济发展模式的经验借鉴

第一,农业资源、环境改善是农业循环经济发展的基本目标。在美、日、德等发达国家,把农业资源与生态环境的改善放在第一位,在农业生产中注重贯彻生态原则,把资源的持续利用与环境保护结合在一起,提倡立足于区域概念的"农作—畜产—林业"自然循环发展模式,即农作向畜产提供粗饲料,尤其是安全的粗饲料,同时畜产向农作提供有机肥;畜产为林业提供堆肥、液肥,同时林业为畜产提供林业的副产品饲料和生产资料。[①]

第二,补贴政策是实现农业循环经济发展的有力支持。适当的政策指导和经济支持对传统农业向循环农业转变至关重要,因此发达国家政府为鼓励本国农业循环经济的发展,都在实施积极的补贴政策。例如,德国政府根据农场主减少的收入来固定补贴标准,从生态农业基金中给予不同层次的环保农业补偿;在日本,政府不但对从事循环农业提供必要的农业专项资金无息贷款,而且对建设堆肥供给设施、有机农产品装运设施等进行补贴。

第三,技术创新是实现农业循环经济发展的主要动力。在以色列,把"科技兴农"作为基本国策,农业增产的 95％靠科技。政府每年农业科研经费占农业产值的 3％,通过宏观调控鼓励农民采用新技术。国内的 ARO(农业研究组织)是世界著名的农业科研机构之一,承担了全国 3/4 的农业科研任务。以色列斯迈哈·博拉斯父子发明的滴灌技术,具有其他灌溉方式无法比拟的优点,现已开发到第六代。

第四,法律法规体系是实现农业循环经济发展的制度保障。美国早在 1983年就制定了有机农业法规,1986 年又通过了《可持续农业法案》。在德国,有一套较完善的关于农业循环经济的法律法规,一般农产品种植必须遵循的法律法规就有 8 个:《种子法》、《物种保护法》、《肥料使用法》、《自然资源保护法》、《土地资源保护法》、《植物保护法》、《垃圾处理法》和《水资源管理条例》。

第五,合作研究和教育培训是实现农业循环经济发展的必要环节。农业循环经济的发展不仅需要农民掌握必要的现代技术,而且需要认识理念的提高,因此应高度重视教育培训的作用,增强公众对农业循环经济发展理念的认识,提高农民实施农业循环经济的技术水平。在此过程中,通过加强"产、学、研"联合,建

①　Joy Ogaji：Sustainable Agriculture in The UK，Environment，Development and Sustainability 2005(7)：26—33

立起联系研究机构、管理人员和农民的区域网络，来促进有益于环境的农业技术和方法的引进与推广，构建加速农业循环经济发展的有效途径。

4.2.2 国内农业循环经济发展模式的经验总结

国内农业循环经济的发展提供的经验主要有以下几点：

第一，以市场为导向是农业循环经济发展的前提。市场是经济发展的导向，是经济发展的动力。在市场经济条件下，经济发展必须充分发挥市场在资源配置中的基础作用，坚持以市场为导向，以市场调研为出发点，以产品是否适销对路为检验标准，才能形成产业优势和竞争优势。北京留民营在经济建设过程中，非常重视市场的导向作用，构建的几大特色产业如有机农业、肉食品产业、文化旅游业等均迎合了市场的需要，为此，促进了这些产业的快速发展。同时，留民营还特别重视市场的培育，生产的有机蔬菜等都已经建立起了一定的销售市场。而这样的市场形势势必推动留民营经济的快速发展。

第二，技术升级是确保农业循环经济真正立于不败之地的关键所在。现实中采用的某些生态技术是同隐蔽性劳动力剩余联系在一起的，这类生态技术必然会随着经济的发展遭到淘汰，如家庭式的小沼气池。要想使生态技术保持竞争力，必须实现生态技术升级。北京留民营将制备沼气的载体由沼气池改为沼气罐，制备沼气的技术由低温发酵改为中温发酵，原料供应源由家庭改为畜禽养殖企业，就是依靠技术升级保持生态技术竞争力的一个范例。

第三，立足实际、突出特色是农业循环经济发展的命脉。市场经济条件下，特色就是"优势"，特色就是"竞争力"。而特色产业的选择必须从区域实际出发，既要考虑到经济效益也要考虑到社会效益和生态效益，只有这三者有机结合，选择最具有比较优势的产业进行重点建设和发展，使其形成强大的经济优势，方能形成强大的市场竞争力。北京留民营在经济发展过程中，因地制宜，发挥资源、地缘等比较优势，构建起了有机农业、肉食品加工业和文化旅游业等特色产业，同时也带动了其他产业的发展，促进了留民营经济的快速发展。

第四，实施清洁生产，走资源良性化循环之路是农业循环经济发展的重要途径。实施"质量升级战略"，围绕市场开发清洁的产品。2000 年，天冠集团公司对酒精蒸馏工序进行重大技术升级改造，使酒精的杂质含量减小至极限，这样把酒精的等级由食用级提升到国际上质量最高的品质——超级中性酒精，使酒精品质一下子提高一大截，大大增强了酒精在市场上的竞争优势。集团的另一项目黄原胶，是利用淀粉作原料，酒精作中间体，采用生物发酵领域的高新技术进行生产，整个生产过程无污染排放，投入的原材料可以全部转化为清洁的产品。

黄原胶是一种用途十分广泛的产品,被称作"工业味精",广泛应用在食品、饮料、医药、采油、陶瓷生产等行业,能使产品的品质改善、质量升级、成本降低,符合国家发展 21 世纪生物工程的产业政策。

4.3 国内外经验对未来我国农业循环经济发展模式的启示

在总结国外农业循环经济发展的有益做法和经验基础上,总结出几点启示供加快发展我国农业循环经济参考与借鉴。

(1)加大宣传力度,尽快形成循环意识和农业循环积极发展理念

农业循环经济形成循环意识要大力、广泛而深入地宣传发展农业循环经济的重要意义,及其在落实科学发展观、促进农业可持续发展、建设社会主义新农村中的重大作用,促使全社会在发展观上体现人与自然、环境的和谐,在价值观上将自然视为人类赖以生存的基础,在生产观上尽量利用可循环再生资源,在消费观上倡导绿色消费,尽快形成和树立循环意识和农业循环经济发展理念,将"减量化"、"再利用"、"再循环"等原则运用到农业产业升级的具体实践中,逐步实现农业系统内部子系统之间、农业与其他产业之间的物质、能量、信息的良性循环。

(2)选择发展模式,因地制宜选择适宜的农业循环经济发展模式

我国农民群众素有精耕细作的良好传统,在生产实践中创造出不少资源循环利用的模式,取得了一定的经验,如南方的"猪—沼—果(菜)"模式、北方的"四位一体"模式、中部平原地区的"粮饲—猪—沼—肥"模式、西北地区的"五配套"模式、大城市郊区的都市型生态循环模式等。这些模式技术成熟,具有一定的推广价值。但由于我国地域辽阔,农业自然资源禀赋和农业生产力水平差异很大,农业循环经济发展模式应坚持多元化,不能强求一律。各地区发展农业循环经济要坚持因地制宜,根据当地的资源条件、生产传统、农民的可接受程度等因素,确定自己的发展模式,切忌搞"一刀切"。

(3)完善政策措施,建立有利于农业循环经济发展的政策体系

综合运用财税、投资、信贷、价格政策,调节和影响农业投资主体的经营行为,建立自觉节约资源和保护环境的激励措施。通过建立对农业循环经济的支持补贴制度,设立农业循环经济发展基金或风险基金等,加大财政对农业循环经济的投入。尽快研究制定优惠政策,鼓励发展节地、节水、节肥、节药、节种的节约型农业,支持生产和使用节电、节油农业机械和农产品加工设备,努力提高农业资源的利用效率。为争取早日建立农业生态补偿机制,可先在重点产品、重点

区域、重点技术上开展生态补偿试点。努力探索金融系统支持,参与农业循环经济建设的办法,如通过小额贷款、贴息补助、提供保险服务等形式,支持企业或农户发展循环农业。要积极研究建立政策性循环农业保险制度,成立政府监管下的政策性保险机构,解除农民的后顾之忧。要通过有关部门的共同努力,建立农业循环经济发展的政策支持体系,促进构建政府推动、市场驱动和公众行动相结合的长效机制。

构建经济激励机制。针对目前资源循环利用不足和化肥施用强度过高的情况,构建适宜的经济激励机制,提高农业循环经济发展水平。一是鼓励个人或者企业利用相关的技术等提高资源循环利用的频率,比如对于进行农业废弃物资源化的企业或者个人,给予一定的政策优惠或奖金鼓励。二是对超标施用化肥或者农药等相关农业生产资料征收相关费用或税收,从而达到防止过度使用的目的,减少系统内的物质投入,诱导农民发展循环经济(Haque A., I. M. Mujtaba, J. N. B. Bell, 2000)。

健全农业社会化服务体系。推广农业循环经济需要建立一套完备的农业循环经济社会化服务体系,其中最为关键的是要建立产前、产中、产后全方位的农业循环经济服务网络机构。应根据农业循环经济发展的需求,建立健全农业循环经济的社会化服务体系,使农业循环经济在发展过程中,减少投产的盲目性并获得良好的效益。

(4)保护农业资源与环境

资源减量投入是农业循环经济发展的主要问题,因此必须解决农业生产过程中长期滥施和偏施化肥、农药的现象,以及地膜回收不力和用水浪费所造成的环境问题。在达到既定的生产目的和消费目的下,减少和优化物质投入量。可采用先进的技术设备和科学的方法合理配置化肥农药施用比例,提高生物农药、低毒、低残留、高效农药以及有机肥料的使用比例,严格控制化肥和高毒农药的使用量,提高化肥利用的有效系数。也可发展喷灌、地膜下灌溉等新的技术方法,改变农业生产用水的方式,节约农业用水,避免不科学的灌溉方式,减少残留农药达到控制农业面源污染的目的。另外也利于减轻土壤盐渍化现象的发生,有效地保障资源环境安全(Lambert A. J. D., 2002)。

面对资源缺少和环境恶化的形势,政府应鼓励发展节约型农业、生态农业,有条件的地方可加快发展有机农业;继续推进天然林保护、退耕还林等重大生态工程建设,进一步完善政策、巩固成果;启动沙漠化综合治理工程,继续实施沿海防护林工程;完善森林生态效益补偿基金制度,探索建立草原生态补偿机制;加强农村环境保护,减少农业面源污染,搞好江河湖海的水污染治理。

（5）加强科技投入、科技研发与推广

资源的循环利用是农业循环经济发展的主要因素，而资源的循环利用主要依赖于技术的进步和生产方式的改变。因此，在农业循环经济发展中应关注资源循环利用技术的研究和投入，尤其是农业废弃物资源化技术和农业高新技术，促使资源得到高效利用。并根据食物链中能量与物质运动的规律，增加物质和能量循环的层次和环节，合理地设计农业生产方式，提高资源的利用效率。通过借鉴和推广生态农业、有机农业生产模式，提高农村能源的利用效率，从而达到降低农业能耗指数的目的。

科学技术是第一生产力，农业循环经济的发展离不开科技的支撑。要组织科研力量，对事关全局的农业循环经济组合技术、工程技术、经济技术和废物无害化处理技术等技术领域进行重点攻关，争取有所突破。要搞好循环农业技术的推广，如循环农业立体种植与有机物多层次利用、种养加生态良性循环组合、废弃物资源化循环利用、农村新能源与再生能源开发、农村水资源的节约保护利用、农村生活污水与畜禽场粪便污水净化处理、农地改造与农村土壤污染修复、生物防治、草场大面积生态退化修复技术等，促进科技成果转化。要制定技术标准，对高能耗，污染重，落后的工艺、技术和设备进行强制性淘汰，对循环农业的污染排放应严格控制在标准范围之内，对农产品实行质量认证和安全标识。要加大科技投入力度，支持引进国外发展农业循环经济的新技术、新工艺、新设备。

（6）健全法律法规

从发达国家的经验可以看出，制定和完善循环经济法律法规，用法律法规形式约束政府、企业行为，将对发展循环经济和建设循环型社会起到极为关键的作用。因此在全面贯彻有关农业资源保护法律法规的同时，要加强调查研究，制定法律法规，明确各参与主体在农业循环经济发展中的权利和义务，并形成强制的行为约束，为农业循环经济发展提供法制保障（马其芳、黄贤金、彭补拙等，2005）。

应该在借鉴发达国家农业循环经济发展经验的基础上，结合我国国情，尽快启动农业循环经济的立法工作，为我国农业循环经济的发展创造良好的法制环境。建议在广泛深入调研、认真总结各地经验教训的基础上，早日研究制定农业循环经济促进法，进一步明确政府、生产者、消费者的责、权、利关系，依法促进农业循环经济的持续健康发展。要积极推进制度创新，按照"污染者付费、利用者补偿"的原则，搞好对农业自然资源和农业生态环境的保护、开发与利用。在农业循环经济促进法正式出台之前，各地区可根据实际情况，研究制定地方的农业循环经济发展条例。

05 中国农业循环经济及其发展模式的现状

农业可持续发展的研究与实践一直是我国全面实施可持续发展战略的重要组成部分。我国农业可持续发展迫切需要追赶发展循环经济的时代大潮,发展农业循环经济有利于推动农业可持续发展。从可持续发展的角度来看,发展以循环经济为中心的农业可持续发展模式,是解决"三农"问题的现实可行途径。同时,现代常规农业所面临的环境污染、生态破坏、资源耗竭的问题也有待于运用循环经济原理与方法来解决。本章探讨我国农业循环经济发展的现状,分析我国农业循环经济发展面临的障碍及其原因。

5.1 中国发展农业循环经济的必要性和可行性

农业是国民经济的基础,农业的可持续发展是人类社会和经济可持续发展的保证,而发展农业循环经济是农业可持续发展的最重要环节。在我国人口众多、土地资源短缺、环境污染严重的情况下,发展农业循环经济无疑是关系到国计民生的重大战略问题。

5.1.1 中国发展农业循环经济的必要性和紧迫性

当前农业和农村的发展,正为诸如环境污染、土地贫瘠化等问题所困扰。发展农业循环经济,不仅具有现实必要性,还有着相当的紧迫性。

(1)发展农业循环经济是贯彻落实科学发展观的本质要求

科学发展观是党中央站在历史和时代的高度,对国内外发展经验和教训的总结,其重大创新意义就在于它把全面、协调和可持续发展作为核心内涵,解决了要发展、为什么要发展以及怎样发展的重大问题,明确了增长和发展的关系。以人为本是科学发展观的核心和本质,全面、协调、可持续发展是科学发展观的基本内容。坚持以人为本,就是要不断提高人民群众的生活水平和生活质量,尤其是农民的生活水平和生活质量,从而实现人的全面发展。全面、协调、可持续发展要求我们改变过去以单纯追求经济增长为目标的发展观,将人与自然的和谐作为基础,以区域、城乡、经济与社会统筹发展为内涵,以国内国际相统筹为手段。科学发展观对农村经济和环境问题给予了高度的关注,如何实现农村、农业的全面、协调、可持续发展?

本文认为,发展农业循环经济是实现农村人与自然和谐的重要出路。它可以将农村人口、资源和环境三者有机地结合起来,防止"环境贫困",从而在更高的层次上推进社会公平,缩小城乡生活质量差距,它与科学发展观的指向是完全一致的。

(2)发展农业循环经济是增加农民收入、全面建设小康社会的需要

发展农业循环经济是增加农民收入、缓解"三农"问题、全面实现小康社会的有效途径。

我国全面建设小康社会的重点和难点都在农村,"三农"问题一直是困扰农村工作的主要问题,而其核心又是农民收入问题。如何增加农民收入,是解决"三农"问题的关键。发展农业循环经济,可通过立体种植,强化物质循环和能量转化,通过废弃物的资源化利用和利用生物之间相生相克的原理,减少废弃物的排放和化学物质的输入,从而提高农业资源的利用率,降低生产成本,提高农业经济效益,有利于农业可持续发展。再加上实施循环型农业所产生的绿色农产品在市场上更畅销,价格更高,因而可以增加农民收入,提高农民的生产积极性。

另外,发展农业循环经济在一定程度上可以解决农村就业问题。我国城乡收入差距悬殊的主要原因是农业劳动生产率低,农业承担了大量的剩余劳动力。据统计,在农业领域里的劳动力为 3.5 亿,其中至少有一半是剩余劳动力。把他们从农业领域分离出来,对农业总产量和劳动生产力提升没有负面影响。可见,农村就业极不充分。解决这一问题有两条途径:一是转移农村剩余劳动力,二是发展农业循环经济。由于农业循环经济通常实行非集约化经营,具有劳动密集型优势,因此有利于农村就业和小农生存,避免来自全球日益强化的竞争威胁。

(3)资源短缺、生态环境恶化迫切要求发展农业循环经济

20 世纪 60 年代开始,我国农业开始进入常规现代化的阶段,显著标志是高产作物品种的大批育成、种植业的农药化肥施用量迅速增长,并保证了过去 30 年间相对于人口增长(1.6%)较高的粮食增长速度(3.4%)。但与此同时,我国农业生产已经面临着严峻的生态环境危机。主要表现在:土地流失严重;水资源

贫乏,水污染严重;农药化肥的过量使用严重摧残着农业生态系统的平衡;乡镇工业污染加剧等。

我国农业的高速增长是靠拼资源和牺牲环境利益,以高昂的生态、环境及资源代价换取的。要扭转这种非持续发展局面,只有发展循环经济。正如有学者所言,"从经济发展的前景看,只有将循环经济运行模式和建立循环型社会的社会模式确立为经济和社会发展战略,进行全面规划和实施,才可能有效克服经济发展过程中的环境与资源危机。"(Kenneth E. Boulding,1966)发展农业循环经济,一方面可通过物质的闭路循环,使生产和消费过程不产生或少产生废弃物,从而大大减轻经济活动给环境带来的压力,并可缓解甚至解决资源枯竭问题,具有显著的环境效益;另一方面,发展循环经济可通过提高自然资源的利用率及对废弃物的资源化利用直接或间接地获得由于环境资源的稀缺性而导致的经济效益。可见,循环经济是实现农村经济发展和生态环境保护双赢,确保农业可持续发展的必然选择。

(4)农业生产迫切需要有机质再循环

在农业领域推行循环经济,不仅是节约资源、防治污染的需要,也是农业生产本身的需要。据统计,从1978年到1998年,20年内全国粮食产量达到10245亿斤,但是南方高产区,如江苏、浙江等省份粮食单产减少28%～51%,现在,广东和福建等发达地区人均占用粮食不足300公斤。这些发达省份的化肥施用量巨大,江苏等省份施用的化肥是全世界平均水平的6.9倍,美国的7.1倍。实际上,以前我国南方的农业最稳定,而北方的农业受季风气候的影响,雨水好的年份,粮食产量就高,否则产量就低。因此过去几千年,我国都是"南粮北调",现在恰恰相反,是"北粮南运",长江以南搞农业现代化的地方,粮食减产非常厉害,大幅度、大面积、长时间减产,到底是什么原因呢?

土壤是需要能量的,土壤的能量就是微生物和碳水化合物。但是,长期土壤试验的结果表明,土壤中极其缺乏有机能源,导致生物活性降低,土壤微生物活动,包括固氮作用、硝化作用、氨化作用受到限制。如果在土壤中单纯施用化肥,在化肥配比很好的情况下,前几年是增产的,从第6年开始,慢慢减产,到第10年后,土壤严重退化,致使颗粒无收。严峻的现实告诉我们,农业生产迫切需要有机质再循环。具体地说,就是要多施用有机肥、农家肥,把植物生产、动物生产的剩余资源和人畜粪便变成有机肥料返回到农业生产用地里,同时要逐渐减少化肥施用量,直至达到一个合理的范围。而发展农业循环经济可以很好地解决这个问题。

（5）农产品供求关系的变化客观上要求改变农业发展模式

20世纪后期，我国农业发展进入了一个新阶段，其基本标志是农产品供求结构关系发生了根本性转换，从以往的长期短缺转向总量基本平衡，农产品开始过剩。阶段的转换意味着在农产品供应短缺时期，农业发展的主要制约因素是资源因素，主要目标是农产品的数量增长。所谓资源约束，就是想多生产出农产品，但没有足够的投入，而没有足够的投入就没有预期的产出。农业发展进入新阶段以后，我国农业的主要制约因素开始从单纯的资源因素转为资源约束与需求并存，这个时候不仅追求农产品的数量还要追求质量，尤为重要的是人们对食品安全提出了更高要求，环保和生态理念逐渐深入人心。在这种情况下，让农民头疼的不是能生产出多少农产品，而是生产出这么多的农产品能不能卖得掉，能否卖个好价钱。否则，非但不能盈利，还可能会亏损。这就要求农民必须生产出符合市场需求的、质量更高、安全性更高、更加环保的"绿色"农产品。因此，发展循环农业、生态农业成了农民最好的选择、农业最好的出路，成为未来农业发展的必然趋势。

（6）经济全球化和国际贸易壁垒的存在使发展农业循环经济成为必然

我国是农业大国，多种重要农产品产量居世界第一；又是农药化肥大国，单位面积施用农药化肥量也是第一；还是滥用食品添加剂、防腐剂及农药抗生素的大国。此外，我国生产的农药总量中杀虫剂占70%，杀虫剂中有机磷农药占70%，有机磷农药中剧毒农药占70%，这三个70%不仅给国人的饮食安全带来不少问题，也给我国农产品出口带来无穷隐患，使其参与国际竞争步履艰难。在市场准入方面，发达国家凭借其经济和技术垄断优势，通过立法或其他非强制性手段制定了许多苛刻的环境技术标准和法规。这些发达国家虽不对产品和服务的市场准入直接设限，但通过绿色技术标准的设置使我国出口产品成本大为增加，削弱了该类产品国际竞争力。[1] 我国外贸企业为了获得国外"绿色通行证"，一方面要花费大量的检验、测试、评估、购买仪器设备等费用，另外还要支付不菲的认证申请费和标志使用费。在成本及反补贴措施的影响下，一些发达国家通过对我国出口货物征收"绿色关税"，使这些产品在激烈的国际竞争中丧失价格优势，制约我国外向型经济的发展（冯之浚，2006）。国外技术壁垒，特别是绿色壁垒正在成为21世纪初我国出口贸易发展的巨大障碍。争取外贸份额，发展外向农业是农业增效、农民增收的一条重要途径。要跨越农产品绿色贸易壁垒，唯有发展绿色农业，以绿色食品引导出口战略，循环农业与此不谋而合。可以说，

---

① 赵涛、徐凤君：《循环经济概论》，天津大学出版社2008年版。

发展循环农业是走出当前我国农产品出口所面临困境的最有效途径。

5.1.2 中国发展农业循环经济的可行性

提到发展农业循环经济,有人可能会提出质疑:农业循环经济是否具有可行性? 回答是肯定的,我国发展农业循环经济,不但有着深厚的思想基础,还具有理论、经济和技术可行性。

(1)思想基础

农业循环经济的思想基础是我国传统农业的可持续发展思想。循环经济的根本任务和要求是化解经济发展与生态环境之间的矛盾,实现经济与资源、环境之间的协调统一。如前所述,中国的传统农业完全符合这一要求。《吕氏春秋·审时》说:"夫稼,为之者人也,生之者地也,养之者天也。"就是把农业视为由相互依存的天、地(农业环境)、人(农业主体)、稼(农业对象)组成的整体。在这一整体中,农业生产建立在自然再生产的基础之上,经济系统和生态系统是统一的。这些古朴的观念完全符合循环经济原则,为发展现代循环农业提供了宝贵的思想财富和实践经验,对今天的农业生产仍然有直接的借鉴意义。

我国传统农业理论与实践所闪烁出的智慧光芒,在国际上也得到了充分的肯定。美国的乔治·W·考克斯和迈克尔·D·阿特金斯在其合著的《农业生态学·世界食物生产系统的分析》一书的中文版序中写道:"中国是传统农业的起源中心之一,至少在7000年以前就开始从狩猎和采集转向栽培作物和驯养家畜……农业从其最实际的意义来看是一门应用生态学,中国经受过时间考验的耕作制度就包含着深刻的生态学原理。在中国各地的农牧业措施中,明显地认识到可更新资源在生产性投入中的重要性。把有机废弃物大量地再循环使之变为肥料,是中国近代农业措施的显著成就之一。"美国著名土壤物理学家金氏(F. H. King)在考察了中国、日本和朝鲜的农业后,写出《四千年的农业》一书,对我国农民施用粪肥、用地和养地结合等传统技术给予了极高评价。最近,日本友人田村三郎等也在《对中国农业现代化的一些看法》一文中提出,希望我们能够"以有机肥为主,施用必要的最少限度的化肥,创立独立自主的而且将来成为世界农业模范的施肥技术"。国外有人把我国的传统农业叫做"现代有机农业之母"一点都不过分,国外有机农业是在我国传统农业的启发并吸取其经验的基础上发展起来的。[1]

---

[1] Earce,D. W. ,R. K. Turner. Economics of Natural Resources and the Environment. Printed in Great Britain,1990.

（2）理论可行性

从理论可行性来看，农业具有发展循环经济的天然优势。主要表现在：

第一，我国是农业大国，农业是国民经济的基础，农业在社会经济中具有重要的战略地位。推行农业循环经济是整个国民经济社会体系全面发展循环经济、建立循环社会的关键性的基础环节。

第二，农业与自然生态环境更为贴近。农业与自然生态环境紧密相连、水乳交融、密不可分，使农业经济系统更易于和谐地纳入自然生态系统的物质循环过程，建立循环经济发展模式。正如马克思所指出的："经济的再生产过程，不管它的特殊的社会性质如何，在这个部门（农业）内，总是同一个自然的再生产过程交织在一起。"农业生态系统通过由生物与环境构成的有序结构，可以把环境中的能量、物质和价值资源，转变成人类需要的产品。农业生态系统具有能量转换、物质转换、信息转换和价值转换功能，在这种转换之中形成相应的能量流、物质流、信息流和价值流。

第三，农业的产业构成特点更易于发展循环经济。农业产业系统是种植业系统、林业系统、渔业系统、牧业系统及其延伸的农产品生产加工业系统、农产品贸易与服务业系统、农产品消费系统之间相互依存、密切联系、协同作用的耦合体，各系统间物质与能量的循环利用能够实现。农业产业部门间的"天然联系"、农业产业结构的整体性特征是循环经济所要强化的，是建立农业生态产业链的基础，也正是农业产业结构的整体性特征。

第四，农业与人类自身消费更贴近。人类处于食物链网的最顶端，是自然的一部分，参与整个系统的物质循环与能量转换，这为循环经济要求从根本上协调人类与自然的关系、促进人类可持续发展，提供了更为直接的实现途径。

（3）技术可行性

发展农业循环经济是否存在技术障碍？本文认为，发展农业循环经济是否具有技术可行性，必须从农业生产的物质流过程所包含的"自然资源—生产、消费—废弃物"三个环节入手加以考察。

在自然资源环节，主要考虑替代和恢复问题，即对不可再生资源，应该找到替代资源；对可再生资源，应该考虑如何恢复（曾艳华，2006）。目前，我国已掌握一般的替代和恢复技术。如通过充分利用太阳能来减少化石能源的投入，已掌握两种技术：一是积累了一定的耕作技术和经验，通过改进耕作制度，尽量增加耕地上绿色植物覆盖的时间和覆盖的面积，尽可能充分地利用太阳能；二是掌握了一定的育种技术，可通过培育良种，尽可能提高作物吸收和利用太阳能的效率。对于可再生资源的恢复，也掌握了丰富的种养技术，可通过用养结合的办法来恢复其自然平衡。

在生产和消费环节,通常要求采用"资源耗用减量化"技术。目前掌握的技术有:农业生产中的节水技术;配方施肥、测土施肥、精准施肥等新方法、新技术;精确播种、精准收获技术;综合防治、生物防治病虫害技术;利用食物链防治病虫害、减少农药的使用量技术;沼气工程技术等。在农产品消费领域,只要提倡"生之有道,用之有节",节制物欲,适当消费,反对奢侈浪费,就可达到节约资源的目的。

在废弃物环节,既可对环境废弃物进行安全化、无害化处理,又可进行循环利用。这就要求掌握农业废弃物无害化处理技术和循环利用技术。目前已基本掌握这些技术,如农作物秸秆的青贮、氨化技术,人畜粪便生产沼气技术,农用地膜回收利用技术等。由于农业生产和消费产生的大量废弃物多为有机物,因此只要正确认识和掌握农业生态规律,并辅之以简单的化学技术,绝大部分废弃物是可以直接利用或经化学处理后再利用的。

总而言之,发展农业循环经济所需要的一般技术已经掌握,甚至有一部分已广泛应用于农业生产实践。因此,目前在较大范围内发展循环农业,技术已不是主要障碍。当然,高科技对循环农业的助推力是不容忽视的,随着农业科技的不断发展,循环农业将在更大范围内和更深程度上得以实现。

(4)经济可行性

发展农业循环经济除应具备技术可行性外,还应具备经济可行性。农业循环经济作为一种经济发展模式,其本质仍然是一种市场经济,遵循的是经济规律而非生态规律,如果违背成本—效益原则,循环农业就不可能真正实现。农业循环经济在我国具有经济可行性,主要原因有:

第一,随着人们环境意识的不断提高,对食品安全的重视程度增加。由于农药的过量施用,导致农产品的化学残留物越来越高,人们为此越来越担忧。消费者对农产品安全的担忧,为农业循环经济发展提供了极大的市场动力。因为循环型农业提倡少用化肥农药,甚至不用化肥农药,其生产出的"绿色"农产品恰恰迎合了消费者的需要,市场前景广阔。

第二,农业循环经济发展面临宽松的政策环境和良好的机遇。工业和农业在一个国家工业化进程中有着密切的联系。工业化起步以后,农业资源开始向工业流动,这主要是因为工业收益率或工业劳动生产率比农业高。当然,在这一过程中往往会有政府的强制、诱导及一些新的政策和制度的安排,来加速工业要素和资本积累,工业因此得到迅猛发展。但是,农业发展却相对滞后,这就导致了城乡收入差距不断扩大,农业发展缺乏动力。如果农业不能保证食物有效供给的话,整个国民经济发展的基础就会受到损害,甚至动摇整个国民经济的发展,因此很多国家在工业化达到相当水平后调整国民收入分配,解决农业劳动生产率的提升问题以及缩小城乡之间收入差距。我国也不例外,计划经济阶段,国家实际上是通过扭曲分配工业产品贸易条件,采取工业产品剪刀差的方式从农业部门提取积累,形成工业化的原始资金推动工业化。但随着工业的迅猛发展,农业发展严重滞后,农业推动工业发展的道路已走不通。在这种情况下,近年来中央相继出台了相关惠农政策,大力支持农业发展。在全社会倡导发展循环经济的今天,农业实现由传统农业到循环农业的转型,可以得到有力的资金和政策支持,循环农业可能因其刚刚起步而缺乏明显的经济效益,但它具有显著的生态效益,符合经济发展和环境保护的要求,因此政府会为其提供财政上的支持,使其步入良性循环的轨道。

5.2　中国农业循环经济发展现状

5.2.1　中国农业循环经济发展概况

我国农业循环经济发展开始于生态农业建设。我国的生态农业把传统的农业精华和现代科技有机地结合起来,既重视农业生态系统建设,实现高产稳产,保证农业效益的提高,又加强对全部土地资源的合理开发利用和建设,是按照生态学原理,应用系统工程方法建立和发展起来的农业体系。20世纪80年代初,农业部开展了一系列生态农业建设的试点示范。到目前为止,生态农业建设已从生态农业村、乡发展到生态农业县,形成多种不同类型的生态农业模式,全国生态农业试点已达到2000多个,面积达67万 hm^2,遍布全国30个省(自治区)、市。1994年由农业部组织的全国50个生态农业试点县建设,其中有8个试点获得联合国环境规划署授予的"全球500佳"称号,生态农业成绩显著,既实现了粮食增产,又保护了环境,增强了农业发展的后劲,取得了经济效益和生态效益的双丰收。目前我国正在尝试多种经营,发展大农业和二、三产业。

1981年以来生态农业在中国经过20多年的试验、示范与不断完善,已形成了中国特色可持续农业的典型模式。相关专家学者基于不同的分类方法提出了不同的模式。从地域范围看,骆世明将华南地区沿流域的生态农业模式划分为丘陵山地模式、平原模式、低洼地模式、沿海林带模式、腐生食物链模式等。龚洪涛等人通过对黄河三角洲高效生态农业研究,将其模式划分为以水资源综合利用和开发为中心的生态模式、农林牧渔相结合的"接口"模式、农田共生互利种植模式、种养加与贸工农一体化复合高效生态农业模式、废弃物综合利用模式。江惠玲等通过对西北干旱地区高效生态农业模式研究总结出高山型生态农业模式、林牧结合模式、农牧结合模式、农林牧共生型模式、绿洲社区型生态农业模式等。黄土高原半干旱区形成了水土保持型生态农业模式、荒漠草地生态牧业模式、草畜生产生态型模式、种养一体化的能源型生态农业模式、旱地保护型耕作模式。北方地区形成了典型的"四位一体"生态农业模式、林草牧复合经营模式、农畜加工复合经营模式(王惠生,2007)。

农业部科技司 2002 年向全国征集到 370 种生态农业模式或技术体系,通过专家反复研讨,遴选出经过一定实践运行检验,具有代表性的十大类型生态农业模式,正式将此十大模式作为今后一段时间农业部的重点任务加以推广。这十套典型模式和配套技术是:北方以地膜覆盖为重要内容的"旱作农业和塑料大棚+养猪+厕所+沼气"四位一体生态农业模式及配套技术;南方以养殖业为龙头,沼气建设为中心,带动粮食、甘蔗、烟叶、果业、渔业等产业的"猪—沼—果"生态农业模式及配套技术;平原农林牧复合生态模式及配套技术;草地生态恢复与持续利用生态模式与配套技术;生态种植模式及配套技术;生态畜牧业生产模式及配套技术;生态渔业模式及配套技术;丘陵山区小流域综合治理模式及配套技术;设施生态农业模式及配套技术;观光生态农业模式及配套技术。

我国农业循环经济在取得阶段性成绩的同时,也存在许多不足。目前的农业循环经济只是在低层次上实现了物质能量的循环,农业废弃物利用率低,停留在低层次上开发利用。根据循环经济的三原则,今后在发展循环型农业的同时,应推进农业清洁生产工作的顺利开展和农业废弃物的综合开发利用。在农业物能实现循环的基础上,依靠科学技术、政策体系等提高农业生产要素的利用率,削减投入量,对农副产品及废弃物进行深加工,挖潜增值,并把因此而增加的经济效益留在农业体系内才能最终保证农业的循环、可持续发展。此外,我国发展农业循环经济还存在一个致命的弱点,就是将理论研究和实践推广局限于农业生产本身,没有站在循环经济的高度,将种、养、加、产、供、销、商、贸、消费等结合起来考虑,也没有将农业与工业和第三产业之间的产业链有机联接起来,使之形成一个系统工程,按照循环经济的基本规则进行设计和运作,这直接导致了农村经济发展和环境保护之间的矛盾无法彻底解决(张尔俊,1991)。当前乡镇工业对农业污染的不断加剧,说明农业与乡镇工业之间的矛盾越来越突出,如何解决两者的冲突,变对抗为合作互利,将是农业循环经济必须考虑的问题。

5.2.2　中国农业循环经济发展现状

（1）关于农业循环经济发展模式

尽管循环经济在我国的提出不过是近几年的事情，但我国其实早就有了循环经济的实践，如生态农业、生态工业等，不少案例也已总结出来。从现实看，一些地方丰富多彩的农业循环经济实践已走在了理论研究的前面，涌现出了诸如河南天冠企业集团、广西贵糖、北京蟹岛绿色生态度假村、上海崇明的前卫村模式以及辽宁省"四位一体"日光大棚生态农业示范区等先进典型。其中，辽宁省农民首创的以生物技术为主体、以沼气为纽带"四位一体"日光大棚能源生态工程，实质上就是以农业为基础的循环经济，是农业现代化新路线的体现。

此外，福建圣农集团有限公司通过主抓肉鸡主业链、生物工程副业链和有机肥副业链"一主两副"产业链，近年来也走出了一条"资源—产品—再生资源"的循环型农业发展之路；江苏省宿迁市则根据循环型农业的发展优势与影响因素，也逐步开发出了适合当地发展的七个模式："生态家园"循环模式、食用菌生物链循环模式、有机农业开发模式、设施农业生态模式、立体种养循环模式、农林牧渔结合型循环模式和花卉苗木生态农业模式。

与此同时，部分地区提出了通过采用节能、环保、绿色、清洁生产等一系列农业高新技术，构建以生态农业为核心的"低消耗—无污染—高产出—再利用—佳效益"的农业循环经济模式；黑龙江及另外一些民族地区也发展出了一些典型的模式，尤其是以畜牧业为核心，实现农作物秸秆三段循环利用与畜禽粪污两段利用的主要技术路线；汪怀建（2005）探讨了适合农业循环经济发展的若干农业生态工程模式；王奎旗等（2005）提出了我国水产业实施循环经济的"社会大循环"、"企业间循环"、"企业内循环"三个可供选择的基本模式，等等。

但上述各种模式并不代表我国循环型农业的全部，各地在研究、设计具体发展模式时，还应从当地实际出发，既可以采用一种模式，也可以多种模式并用。而且不论实行什么模式，都必须严格遵循生态学的客观规律，合理利用自然资源和环境容量，使经济和谐地融入自然生态的物质循环之中。黄贤金等（2004）曾比较全面地总结了发展循环型农业大体可以采用的模式：区域循环模式、能源综合利用模式、生态养殖模式、农业废弃物综合利用模式，以及绿色和有机农业模式；并认为上述每一类型模式又包含有一些具体的实践形式，如：生态养殖模式，就包括基于农牧结合的畜禽养殖模式、稻田生态养殖模式、高效集约式养殖和健康养殖模式等。限于篇幅，本文将在下一节具体讨论我国农业循环经济发展的具体实践模式。

(2)关于农业循环经济发展方向

对于如何发展我国的循环型农业,吴天马较早提出了两种面向循环经济的农业可持续发展的模式(路径):一是以生态农业建设为基础的渐进式循环经济发展模式,二是以有机农业建设为基础的跨越式循环经济发展模式;并认为前者具有更广泛的适应性和实践意义,应大力提倡,而后者则为从根本上协调人类与自然的关系、促进人类可持续发展提供了更为直接的实现途径。陈德敏等也认为,要实现农业经济效益与环境效益的统一以至社会效益的最优化,必须实施农业清洁生产,并以我国的生态农业为基础,发展我国的循环型农业。

2005年10月,在《经济日报》举办的"循环经济发展战略高层研讨会"上,国家环保总局政策法规司司长杨朝飞针对我国农产品各种污染过于严重,出口越来越困难的现实,认为生态农业是今后农业发展的方向,而循环经济下的生态农业应该是农业发展的最终方向。对此,季昆森(2005)也撰文指出:一般认为,循环经济在农业上的应用就是生态农业;实际上,循环经济在农业上的运用有更广阔的领域,其实质就是循环经济原则在发展生态农业上的运用,可称之为循环经济型生态农业。

(3)关于农业循环经济发展策略

与德国等先行国家相比,我国无论是在循环经济的理论研究还是在实践方面,都存在着较大差距。具体来说,一是迫切需要对循环型农业进行更系统、深入的理论分析和科学解释,真正理解和把握农业循环经济丰富的科学内涵及其发展方向;二是鉴于各地丰富多彩的实践已在某种程度走在了理论研究的前面,对各地比较有代表性的循环型农业发展模式,如:立体农业,农业生产物质循环利用(规模化养猪业等),土地、技术、资本和劳动力等要素的优化配置模式(休闲观光农业),农业一、二、三产业的产业链联接模式(新型农业产业化),以及生物能的开发利用(循环农业发展的新领域)等,进行更系统、深入的分析与研究(主要进行物质代谢分析及经济效益核算等,重点突出案例中的循环过程和效益评价及生态性三个方面),努力做到既总结经验(与理论研究相呼应),又努力发现不足,并提出改进建议或措施,也是非常迫切和有益的(张贵友,2006);三是在全国还没有出台统一的、标准的循环型农业评价指标体系之前,对循环型农业进行全方位探索和多视角的科学研究,逐步建立一个适合当地特点的农业循环经济评价指标体系与发展规划,也是学术界需要大力研究的现实课题;四是人们还应从各地资源及环境等禀赋以及当前循环型农业发展的实际出发,有选择地分析、比较有关国家或国内先进地区(包括台湾地区)循环型农业发展的一般经验与教训,从宏观、中观和微观的层面,对循环型农业的发展战略与制度(政策)创新进行研究,为农业循环经济建设提供扎实的理论依据与实践指导。

5.2.3　中国农业循环经济发展模式的实践探索

　　循环农业是在农业可持续发展进程中逐步发展形成的新型农业方式,是我国农业现代化的必然选择。我国幅员辽阔,跨越众多经纬度和海拔高度带,农业生态经济区划类型多种多样,因此我国在20多年的生态农业研究和实践中开发了丰富多彩的循环农业模式类型。以下这些模式和技术是代表了当前发展阶段的主流模式,具有技术成熟、效果明显、推广价值较高的特点,对循环农业发展具有指导和示范作用。

　　①"四位一体"的生态模式。是在塑料大棚内建沼气池、养猪,猪粪入池发酵生产沼气,沼气用作照明、炊事、取暖等,沼渣、沼液作蔬菜的有机肥料或猪饲料添加剂,猪的呼吸、有机物发酵及沼气燃烧还可为蔬菜提供二氧化碳气肥,促进光合作用。这种模式实现了种植业(蔬、菜)和养殖业(猪或鸡)的有机结合,是一种能流、物流良性循环,资源高效利用,综合效益明显的生态农业模式。

　　②南方"猪—沼—果"生态模式。是利用山地、农田、水面、庭院等资源,采用"沼气池、猪舍、厕所"三结合工程,围绕主导产业,因地制宜开展"三沼"(沼气、沼渣、沼液)综合利用,达到对农业资源的高效利用和生态环境建设、提高农产品质量、增加农民收入等效果。

　　③平原农林牧复合生态模式。是指借助接口或资源利用在时空上的互补性所形成的两个或两个以上产业或组分复合的生产模式。主要包括以下几种具体模式:粮饲—猪—沼—肥生产模式;林果—粮经立体生产模式;林果—畜禽复合生产模式。这种模式可以进一步挖掘农林、农牧、林牧不同产业之间相互促进、协调发展的能力,可以充分利用自然资源和农牧业的产物,对于改善生态环境、减轻自然灾害有重要作用。

　　④生态种植模式。这种种植模式是指根据生态学和生态经济学原理,利用当地现有资源,综合利用现代农业科学技术,在保护和改善生态环境的前提下,进行高效的粮食、蔬菜等农产品的生产。在生态环境保护和资源高效利用的前提下,开发无公害农产品、有机食品和其他生态类食品成为今后种植业的一个发展重点。具体模式主要有:"间套轮"种植模式、旱作节水农业生产模式和无公害农产品生产模式。

　　"间套轮"种植模式是指在耕作上利用生物共存、互惠原理,采用间作套种和轮作倒茬的模式。这种模式可以充分利用空间和地力提高产量,还可以调剂用工、用水和用肥等矛盾,增强抗击自然灾害的能力。旱作节水农业生产模式是通过工程、生物、农艺、化学和管理技术的集成,提高自然降水利用率,消除或缓解水资源严重匮乏地区的生态环境压力、提高经济效益。无公害农产品生产模式就是在农产品生产过程中,注重农业生产方式与生态环境相协调,推广农作物清洁生产和无公害生产的专用技术,生产无公害农产品,对于提高农业生产的经济效益,形成农业生产的良性循环具有重要意义。

⑤生态畜牧业生产模式。其是利用生态学、生态经济学、系统工程和清洁生产思想、理论和方法进行畜牧业生产的过程,达到保护环境、资源永续利用的目的,同时生产优质的畜产品。具体模式主要有:综合生态养殖场生产模式;规模化养殖场生产模式。前者有相应规模的饲料粮(草)生产基地和畜禽粪便消纳场所;后者缺乏相应规模的饲料粮(草)生产基地和畜禽粪便消纳场所。

⑥生态渔业模式。其是遵循生态学原理,采用现代生物技术和工程技术,按生态规律进行生产,保持和改善生产区域的生态平衡,保证水体不受污染,保持各种水生生物种群的动态平衡和食物链的合理结构,确保水生生物、水资源的永续利用。生态渔业综合养殖模式主要有:基塘渔业模式、"以渔改碱"模式。这种模式可以充分利用土地资源,提高资源的利用率,创造出比单一的养殖或种植更高的经济效益。

⑦丘陵山区流域综合治理利用型生态农业模式。其主要的模式是丘陵山区"猪—沼—果(茶)"生态模式:利用山地资源,发展无公害水果和有机茶生产,采用"沼气池、猪舍、厕所"三结合工程,围绕主导产业,因地制宜开展"三沼"(沼气、沼渣、沼液)综合利用,沼液和沼渣主要用于果园、茶山施肥,沼气供农户日常烧饭点灯,达到农业废弃物资源化利用和生态环境建设。

⑧设施生态农业模式。其是在设施工程的基础上以有机肥料代替或部分代替化学肥料、以生物防治和物理防治措施为主要手段进行病虫害防治、以动植物共生互补良性循环实现系统高效生产等生态农业技术,来实现设施环境下的无害化生产和生态系统的可持续发展,最终达到改善设施生态系统的环境、减少连作障碍和农药化肥残留、实现农业持续高效发展的目的。其典型模式主要有:设施清洁栽培模式;设施种养结合生态模式;设施立体生态栽培模式(李玉明,2005)。

⑨观光生态农业模式。这种模式是以旅游为载体,以生态价值观为导向的经营模式。在交通发达的城市郊区或旅游区附近,根据自身特点,以市场需求为导向,以农业高新技术产业化开发为中心,以农产品加工为突破口,以旅游观光服务为手段,在提升传统产业的同时,培植名贵瓜、果、菜、花卉和特种畜、禽、鱼以及第三产业等新型产业,进行农业观光园建设,是目前城市郊区和旅游区生态

农业建设的重点。

⑩"五配套"生态农业模式。具体形式是每户建一个沼气池、一个果园、一个暖圈、一个蓄水窖和一个看营房。实行人厕、沼气、猪圈三结合,圈下建沼气池,池上搞养殖,除养猪外,圈内上层还放笼养鸡,形成鸡粪喂猪,猪粪池产沼气的立体养殖和多种经营系统。它以土地为基础,以沼气为纽带,形成以农带牧、以牧促沼、以沼促果、果牧结合的配套发展和生产良性循环体系.它的好处是"一净、二少、三增",即净化环境,减少投资、减少病虫害,增产、增收、增效。

5.2.4 中国农业废弃物循环利用现状

农业发展的历史,初期是建立在自然生态循环与平衡的基础上,称之为"自然农业",是以农家肥料为基础的,生产力低下。20 世纪 40 年代以来,工业与人口爆炸式增长,农业过渡到以化肥、化学农药与农机动力油为条件的"石油农业",在极大地促进农业发展的同时造成了环境污染。人们在 20 世纪 70 年代初就已经认识到"石油农业"是一条死胡同,提出了"生态农业"概念。生态农业创建能与自然生态循环相一致的人工生态循环技术体系,既要保持"石油农业"所创造的高效劳动生产率,又要消除"石油农业"存在的弊端。因而除包括种植业、养殖业、农副产品加工业外,还应用现代技术创建以农副产品废弃物为主要材料的人工生态循环系统,实现农业可持续发展。

①沼气利用。沼气利用是指人的粪便经沼气池发酵后,产生的沼气、沼液、沼渣按食物链关系作为下一级生产活动的原料、肥料、饲料、添加剂和能源等进行再利用。

②秸秆利用。作物秸秆和其他农业废弃物一样,本是一种资源,但若不合理利用,不仅浪费资源,还可能成为一种巨大的污染源危害人类环境。若利用得当,就能变废为宝,转化为优良的饲料、肥料、能源和多种有益的产品。随着农业生产力的发展,化肥、农药、石油能源等的高投入,部分地区作物秸秆的传统利用方式已转变为堆积在田头、路边或作为废弃物付之一炬,这不仅浪费自然资源,而且妨碍交通,污染环境,甚至有些地区造成烧毁树木、禾苗,引起火灾等后果(吴天马,2002)。近 20 年来不少地区秸秆还田的数量相对减少,全国平均约有20%－30%直接还田,而多数秸秆被烧掉,损失了大量氮素。全国土壤普查数据表明,秸秆不还田的地区,土壤有机质普遍下降。近几年来,随着生态农业的推广,在秸秆利用上有所改善。利用秸秆饲养牲畜,特别是养牛,既促进农业生产良性循环,又改善了我国肉类结构。

5.3 中国农业循环经济发展存在的障碍分析

我国农业循环经济实践探索在各级政府的推动下,已取得明显成效。一些地区立足当地的经济社会发展和资源环境状况,结合循环经济原理,在探索中不断发展和完善有中国特色的农业循环经济发展模式。但从总体来看,发展速度较慢,仍难以从根本上对我国农业可持续发展起到决定性作用,况且农业循环经济在全国依然处于试点状态,其推广方式仍是一种政府行为,很少有农民的自发行为。可见,我国农业循环经济在发展过程中仍存在着障碍。[①]

5.3.1 思想障碍

我国农业循环经济尚处于起步阶段,研究进程正不断走向深入,尽管媒体和各地政府部门已对循环经济宣传与教育做了许多工作,但是宣传的系统性、长效性和针对性不足。从政府官员、农民企业家到普通农民对农业循环经济的认识均有待提高,比如对农业循环经济模式相对于传统线性经济模式优势何在,农业循环经济的实现途径是什么,农业循环经济对个人、家庭、企业和社会的作用有多大以及我们每个个体在发展农业循环经济中的作为等问题的认识还比较模糊。此外,农民对农业循环经济的内涵存在狭义理解,认为循环经济是生产、经济管理和环保部门的事,与己无关;对自然资源稀缺性程度了解不够,以为资源不会枯竭,看不到资源存量和环境承载力已不足以容纳传统发展模式的高消耗和高污染。这种认识上的模糊和偏颇,影响了农民参与循环经济发展的积极性和主动性,自然也影响了循环型社会的构建进程。

5.3.2 效率障碍

国家发改委主任马凯将我国资源利用状况概括为"四低",即资源产出率低、资源利用率低、资源循环利用水平低和再生资源回收利用率低。从我国农业资源循环利用的现状可以看出,我国每单位农业资源所产生的效益与国际先进水平相比存在很大差距。农业资源缺乏长远合理的规划,利用程度低,浪费严重,且后备资源缺乏,前景不容乐观。农业资源的回收利用率不高,废弃物的随意堆放一方面是巨大的资源浪费,另一方面也造成了严重的环境污染,给我国脆弱的生态环境带来了巨大的压力(朱跃龙、吴文良、霍苗,2005)。资源与环境的双重

[①] 曲格平:《发展循环经济是 21 世纪的大趋势》,《当代生态农业》2002 年第 1 期。

约束将会在我国甚至世界范围内长期存在,如果不能有效解决农业资源利用效率低下的问题,扭转农业资源短缺压力与浪费现象并存的局面,供需矛盾将会越来越突出,实现农业可持续发展只能是永远也无法实现的空中楼阁。

另外,我国资源利用的管理较为薄弱,自然资源开发无序,管理的规范化、法制化程度低。政府管理和市场建设中的地方保护、条块分割现象严重,市场秩序比较混乱。中央和地方各级主管部门与其他职能部门之间的配合执法和监督执法不力,甚至各行其是,造成已有的各项法规政策贯彻不严,执行偏差大。农业面源污染严重。这些都对农业资源循环利用效率的提高产生了重大影响。

5.3.3　技术障碍

农业循环经济的发展必须以先进的科学技术作为依托,我国在提高资源利用效率的某些技术上取得了一定突破,但总体看来,先进技术的开发和应用明显滞后于需求。广大的农民以及中小企业大部分都没有独立的能力去进行技术创新,也缺乏雄厚的资金实力去购买同行业的先进技术。农业废物利用技术是废弃物的再利用技术,通过这些技术实现产业废弃物和生活废弃物的资源化处理;清洁生产技术是无废少废生产技术,通过这些技术实现生产过程的零排放和制造产品的绿色化。由于长期以来环境科技在我国没有得到应有的重视,导致在农业循环经济的推进过程中常常心有余而力不足。由于我国科技基础薄弱,自主开发能力差,导致了我国大量农业循环型企业仍以牺牲环境为代价来达到经济增长的目的,难以自觉地实施循环经济战略。

另外,生产主体对循环链的技术路线比较模糊,没有建立完善的技术支撑体系,没有计算废弃物再生利用产生的巨大效益,使某些废弃物不能按循环经济流程进行处理,使循环链发生断裂,造成循环链不循环的现象,而这些没能再循环的废弃物则形成了新的污染源。

5.3.4　资金障碍

农业循环经济的发展需要资金的投入。目前我国正处在改革发展的关键时期,经济体制、社会结构、利益格局和思想观念都处在调整和变动当中。国家面临的矛盾和问题较多,经济实力有限,没有专项资金用来支持农业循环经济发展,一些先进适用的技术设备和工艺水平难以得到推广,依靠政府投资来帮助企业完成从工艺技术水平落后到依托先进的科学技术的转换显然是不现实的。政府虽出台了一些优惠政策来保护和扶持农业循环经济发展,但大部分没有落到实处,需要自行拓宽融资渠道筹措资金进行技术提升。

我国经济发展水平较为落后,在经济发展和环境保护之间,人们优先选择了经济发展。特别是在广大落后的农村和西部地区,人们根本没有循环经济的意识,即便有循环经济的意识,他们也不会自觉遵守循环经济的规则。毕竟,衣食住行才是最重要的。其实,发达资本主义国家,历史上也曾以牺牲环境为代价来获取经济发展,只是当初人们的环境保护意识还没有觉醒,没有意识到环境危害的后果而已。农业循环经济是一种理想的经济发展模式,但也难免给经济发展带来一些暂时的消极影响。比如,它会延缓经济发展速度、增加企业的生产成本、限制企业扩大生产规模、减少就业、减少政府财政收入等,有时甚至会与政府的经济政策相冲突。因此,如何在经济发展和循环经济间找一个平衡点,是我们迫切需要解决的问题(Haque A., I. M. Mujtaba, J. N. B. Bell, 2000)。遗憾的是,在经济发展水平较为落后的今天,发展——不管是可持续还是不可持续的——始终是被放在第一位的。所以,由于农业循环经济的长效缓释性,在市场经济利益至上、发展首位的观念下,社会各行业必然将资金投入到那些见效快、周期短的领域中去,这就造成了农业循环经济发展领域资金支持不足的尴尬境地。

从国家对农业财政资金的投入来看,20 世纪 90 年代以来,虽然政府对农业加大了投入,但是如果扣除农业税收以后,政府对农业的净财政转移就打了折扣。如果进一步扣除通货膨胀对价格的影响,那么,政府在 90 年代对农业的净财政转移数量并没有显著增加(1998 年、1999 年、2001 年除外)。并且,从农业占财政支出比例来看,20 世纪 90 年代农业财政支出比例反而有所下降。例如,1978 年农业财政支出比例为 13.4%。1990 年为 10.0%,到 2001 年只有 5.5%,1998、1999 和 2001 年三年较大幅度增加的财政资金主要用于大江大河的治理,增加额中直接用于农林牧渔生产的比重并不高,对农业循环经济的投入多用于农业循环经济的宏观环境建设(如退耕还林还草工程、丘陵山区的集雨工程等),而用于农业循环经济微观生产建设(关系着农业循环经济农村的大范围发展)的投入则微乎其微,难以对农业循环经济外部性的内在化起决定性作用。因而,农业循环经济缺乏利益驱动机制,发展缓慢自然在情理之中。

5.3.5 体制障碍

(1)农业生产制度障碍

目前,我国的农业生产制度是在土地集体所有的基础上,通过实行家庭联产承包责任制而形成的。一般以户为生产单位,以家庭成员个人的劳力为基础,使用自有生产资料从事农业生产经营活动。它是我国现行的双层经营体制的基础层次。农户在生产中的行为是理性的,在一定程度上具有经济人的本质,是以追求自身收益最大化和生存最大化为目标,他们是"理性的小农"。我国现阶段的农业循环经济由于具有外部性、缺乏利益驱动和信息不对称,才造成了农业循环经济发展缓慢。由于农业循环经济既涉及各种商品,又关系资源环境这个公共资产,需要市场经济机制和法律政策的协同和合作,需要公众积极参与以及信息的引导,否则可能发生"市场失灵"和"政策失灵",信息不对称、不完全、不透明,会引起"逆向选择",导致市场和政策的双失灵。

　　(2)机制障碍

　　我国是发展中国家,正进入社会全面转型时期,市场机制还不够健全,政府须在发展农业循环经济中发挥较大的推动作用。特别是农业循环经济关系着资源环境之类的公共资产和公共服务功能。在市场经济条件下,政府的重要职能之一是公共服务,因而政府积极引导和推进农业循环经济是履行职责的明智选择。但是,国家的财政能力是有限的,发展农业循环经济、实现可持续发展需要政府明智引导,却不可能完全依靠政府,必须依靠广大的生产者和消费者,有效运用信息传播和引导,充分调动各方积极性。在市场经济条件下,能够全面调动生产者和消费者积极性的机制是市场本身。从这个意义上说,农业循环经济是一种能够实现资源节约,环境保护与经济发展共赢的经济模式,是解决我国面临的发展与环境、资源矛盾的战略举措。

　　另外,农业循环经济在发展过程中缺乏懂知识、懂技术又懂管理的新型农民。农民是应用农业循环经济模式的主体,由于我国农民受教育年限普遍较低,当农业循环经济模式搬到农村的时候,对这些不懂技术的农民来说只知道秸秆可以还田、当做饲料、燃料,并不懂得把秸秆及畜禽粪便变成可再生资源加以利用。另一方面,大多数农民家庭比较贫困,由于设计规模及运行流程不合理,造成后期运行成本过高,使政府补贴部分工程成了摆设。

5.4　中国农业循环经济发展存在障碍的原因分析

　　分析造成我国农业循环经济发展障碍的原因,主要有利益驱动机制的缺乏、有效的激励与政府导向不够、公众环境意识落后、农业循环经济发展的法律体系不健全、信息不对称以及农业循环经济发展制度不完善等。

5.4.1　利益驱动机制的缺乏

　　农业循环经济产品在市场上缺乏竞争力,市场环境遭到破坏,在政府没有出台实质性倾斜政策的前提下,农业循环经济的发展也就缺少了利益驱动机制,形成了农业循环经济发展困难的局面。长久以来,农民关心的问题一直是如何在短期内解决温饱和改善自己的生活。因此,农民是否愿意接受农业循环经济建设往往是从短期的经济利益出发,看是否能即时为他们增加收入。经济效益是建立在一定的环境和生态条件基础之上的。忽略环境,单一地追求短期的经济效益,虽然在短期内收入可能会增长,但当环境和生态条件恶化后,经济效益也不可避免地大倒退,甚至永久性地丧失。例如,为追求短期的高回报率,农民大多愿意使用化肥、农药;但长期、大量地使用化肥和农药,会造成农产品污染、土壤结构变坏、土壤肥力下降、水体富营养化现象的发生等一系列问题。当这些问题出现时最后受损的还是农民自己。相反,如经营者能多注意环境和生态效益,虽然在短期内经济效益较低,但随着环境和生态条件不断改善,农产品质量的提高,环境方面的效益便能转变成经济效益,经济发展的动力也就能得到维持和加强。再如退耕还林、还草,虽然短期内直接经济效益较低,但却能够有效地改善生态环境,增加土壤肥力,减少水土流失,保证其他农田维持稳定的产量。当树木成林的时候,无论是用材林、防护林或经济林,都能够有丰厚的收益。无可否认,在短期内,环境效益和经济效益之间似乎存在着一定的矛盾。但长远来看,两者应该是统一的。目前,我国农业循环经济除了为了扶持试点地区国家投入大量的物力、人力和资金外,其他地区对农业循环经济的生产者不但没有给予一定的补贴,甚至连一些普通的金融政策也没有享受到。

5.4.2 有效激励和政府导向不够

由于农业循环经济发展是一项长期性的事业,属于市场失灵领域,因此,必须依靠政府的介入,通过激励和约束政策来进行宏观调控,才能确保农业循环经济的顺利发展。

市场机制作用在于市场主体追求自身经济利益的最大化和市场能够把正确的市场信号传递给所有的市场主体。否则,如果存在市场垄断、市场信息不全或不对称,外部性以及公共物品等情况都会使市场机制失灵。发展农业循环经济的目标是实现经济效益、生态效益和社会效益的协调统一。那么农业循环经济的生态效益和社会效益就是农业循环经济的外部效益,单纯的市场机制作用只能实现发展农业循环经济的经济效益,但并不能同时兼顾发展农业循环经济的社会效益和生态效益,直接达到发展农业循环经济的目标要求(孙怀通、张伟红,2006)。很显然,农业循环经济有一定程度的外部性,依靠市场作用有限,必须加强政府的导向作用。良好的政策导向,可以形成经济激励机制,刺激农业循环经济的发展。用政策激励手段促进农业循环经济的发展,是发达国家推进农业循环经济的宝贵经验(宋亚洲、韩宝平,2006)。由于我国目前的政策导向主要还是侧重于经济行为,而把环境行为置于次要地位,这极大地挫伤了农业循环型主体的积极性,不利于农业循环经济的发展。

另外,政府在农业循环经济方面的资金投入力度不够、比例失调。政府用于农业循环经济发展的资金在整个财政支出中的比例偏低,难以很好地发挥其引导作用。

5.4.3　公众环境意识落后

公众态度也是选择生产方式的主要依据。如果消费者在购买时优先考虑对资源进行循环利用的企业品牌或者利用废弃物作原料的产品,必然会刺激企业发展循环经济的积极性。一方面很多消费者还没有这方面的意识,另一方面企业和消费者之间存在的信息不对称也使有绿色消费意识的消费者难以判断企业是否循环利用了资源。在日常生活中,一些必不可少的资源节约利用更是离不开公众的参与。目前农业循环经济发展的主体对我国资源和环境严峻的形势缺乏深刻认识,对发展农业循环经济的迫切性和重要性体会不深,对经济发展和环境保护之间的关系和两者之间的矛盾不够了解。公众及业主的资源和环境意识较差,对推进农业循环经济发展,提高农业资源利用效率的参与不足。

生产和消费是经济活动的两个最重要环节。生产者和消费者的环境意识如何,将对农业循环经济产生重大影响。但是,在我国,无论生产者还是消费者,其环境意识都令人担忧(Haque A.,I. M. Mujtaba,J. N. B. Bell,2000)。生产者为实现利润的最大化,不顾一切地生产和销售新产品,强调产品的更新换代,从而造成产品使用的短效性(即低使用),不能物尽其用。这种经济增长方式至少带来两个问题:一是资源的极大浪费,二是废物的大量排放。其最终结果是经济的不可持续发展,与农业循环经济的目标背道而驰。在消费者方面,环境意识缺乏表现在两个方面:一是消费者片面追求物质享乐,在不断购置新产品的同时,又源源不断地将尚未完全使用的旧产品当做废弃物淘汰并排入环境,人为地缩短产品的使用寿命;二是消费者不能自觉抑制非环保产品,为非环保企业提供了市场,造就了非环保企业的生存空间。消费者的这种过度消费和盲目消费,一方面刺激了生产,加剧了资源,特别是不可再生资源的消耗,另一方面加大了废弃物的排放量,加剧了环境污染,同样导致经济的不可持续发展,阻碍农业循环经济的实现。

5.4.4　法律体系不健全

尽管我国已经颁布了与循环经济发展有关的《节约能源法》和《清洁生产促进法》，2004 年修订的《固体废弃物污染环境防治法》也添加了关于循环经济部分内容，但是在支持农业循环经济发展方面，还没有形成完整的法律体系和框架。

大量与资源循环利用有关的法规都是由国务院或其下属部门制定的行政法规或部门规章，通常是以"规定"、"试行"、"暂行"等形式出现，缺乏法律的有效性和执行力，无法确保农业循环经济发展措施的有效实施。现有的法规过于原则化和抽象化，操作性不强，法规内容多为对要求的描述，对具体的技术指标、操作程序、利用要求以及违反规定应承担的责任没有做出明确的规定，相关人员遇到实际的情况时其实无具体法则可依，加上寻租行为引起的腐败主义及官僚主义，使管制效果大打折扣。另外，有些立法人员自身对农业循环经济发展的内涵理解不深，现有法规中关于农业循环经济发展的内容没有体现出"循环"的理念，现有的法律体系从总体上看仍然属于污染预防型立法模式。此外，现行法规对生产者和消费者的责任和义务也缺乏有效的约束，对企业违反规定损害环境的行为处理力度不够，不利于促进企业从源头推行节能防污措施，在很大程度上影响了农业循环经济的健康发展。

5.4.5　信息不对称

由于现实中的市场是不完备的，信息总是不完全的，道德风险和逆向选择问题对于所有市场来说都是各有特点。因此，市场失灵是普遍存在的，增大了政府规制的难度。在发展农业循环经济过程中所涉及的信息不对称主要表现在以下几个方面：

①循环型企业与农民对循环经济认识的不对称

循环经济在我国农村还是刚刚起步，对农业循环经济的研究大多停留在理论探索阶段，农民对循环经济相关知识知之甚少，根本搞不清楚循环经济是一种怎样的经济发展模式。而循环型企业及其相关职能部门没有对循环经济发展的模式进行有效的宣传与教育，致使农民对循环经济的信息处于不清楚甚至是无知状态。

②主管部门与产生废弃物单位之间的信息不对称

由于利益驱动，产生废弃物的单位并不严格按照环境信息披露的规则，对一些废弃物信息进行披露，而对其进行封锁；一些主管部门出于地方保护主义，纵容这些单位对废弃物信息的保密，从而导致对这些单位废弃物排放信息掌握和披露的局限性。

③循环型企业与产生废弃物单位之间的信息不对称

同样是出于利益的考虑，产生废弃物的单位会将废弃物特征的信息"隐藏"起来，都说自己的废弃物有很高回收利用价值。而以废弃物为原料的循环型企业在获取废弃物信息的质量、及时性、全面性上处于劣势，只能根据对整个市场的估计决定其支持价格，有时候会形成错误的判断，导致投资损失。

④循环型企业与科研院所之间的信息不对称

循环型企业是循环经济的直接实践者，对循环工艺优缺点的信息非常清楚，但他们通常会对废弃物的回收利用率及产生一次污染方面的信息进行隐瞒，致使从事循环型技术工艺研究的科研院所在与循环型企业的技术交流过程中处于信息不对称状态。

5.4.6 制度框架不完善

农业循环经济的发展一次性投入较高，投资回收期较长，虽然从长远看来其污染治理的成本低于末端治理模式，但由于短期内经济效益不显著，又缺乏有效的激励机制和优惠政策，企业自身难以筹集足够的资金来采用新工艺和更换新的技术设备，只能以技术水平和附加值都较低的处理方式来进行生产，企业发展缓慢。目前，我国农业循环经济发展的制度不完善主要集中表现为以下三个方面：

①市场经济制度的缺陷，难以摆脱制度的路径依赖，从而新的制度很难确立

首先，按照传统经济学理论，在封闭经济体系中，市场配置资源的理想结果是实现"帕雷托最优"。但是，随着资源和环境制约问题的日益严重，经济发展受到了有限的资源和环境容量条件的约束后，情况发生了变化，即使在微观经济均衡发展的情况下，资源有效利用、环境科学保护以及经济可持续发展等目标也无法通过市场机制而自动均衡实现，导致"市场失灵"和"政府失灵"。经济机制的缺陷导致自由市场经济不可能自发地实现循环发展，这将成为影响农业循环经济推行的制度瓶颈。其次，由于已形成制度的路径依赖机制的作用，使得已形成制度在运行中会存在较强的"惯性"，特别是在该制度下的既得利益集团会要求保持或安于现状，懈于甚至阻碍新的制度的建立。在中国，由于传统制度既得利益集团的阻挠，加上传统制度的"惯性"作用，必然使得农业循环经济的发展制度的真正建立、健全是一个长期渐进过程。

②有效制度供给严重不足,阻碍农业循环经济发展的规模化

由于经济主体具有追求尽可能大的利益的内在特性,在无外力干预下,它总是会不顾社会利益而追求单个利益最大化。从这个角度来说,越来越严重的资源与环境问题是有效制度供给不足的结果。一个最主要的表现就是环境和一些公共资源的产权不明晰,使其成为人人都可免费使用的资源。市场机制和政府宏观调控在解决产权不明晰带来的外部性问题上都是失灵的,所以缺乏行之有效的制度供给成为阻碍农业循环经济发展的一个重要因素。

③我国传统的经济增长方式制约了农业循环经济发展目标的实现

改革开放 30 年来,我国的经济增长方式有很多是以资源的高消耗、环境的高污染为特征。目前我国正处于工业化的中期阶段,这又是产生废物污染最多的阶段。随着经济不断增长,资源与环境制约日益增强,资源和环境现状再也经不起传统经济发展方式带来的资源过度消耗和环境污染。因此,必须要转变经济增长方式和发展循环经济。但传统的经济增长方式具有惯性,使得转变增长方式很难一蹴而就。再加上现阶段我国仍以经济建设为中心,经济效益仍是考核政绩的主要指标之一。各地区为了发展本地经济,很有可能选择急功近利的经济政策来获取政绩,使得农业循环经济发展目前也仍然只是在技术层次上的探索,仍然处于发展的初级阶段。

06 农业循环经济发展模式构建

农业循环经济发展模式不是对传统农业模式的完全改变,而是把传统农业的精华与现代农业科学技术有机地结合起来,充分总结和吸取各种农业生产实践成功经验的基础上,注入可持续发展的理念,使农业生产的发展建立在一个高效、持续、优质、低耗的基础上,实现生态环境有效保护、资源合理配置和系统可持续发展。本章就农业循环经济发展模式的构建问题作细致的阐述和研究。

6.1 农业循环经济发展模式构建的目标与指导思想

6.1.1 农业循环经济发展模式构建的目标

所谓模式,是指一种相对固定的框架,是被理论加工后的一种范式,一种可模仿、推广或借鉴的样板、办法和途径。农业循环经济发展模式是要解决如何从传统的农业生产方式向可持续的农业生产方式转变的问题,即从一种发展模式向另一种发展模式转变。当然,建立农业循环经济发展模式并不意味着对传统农业模式的否认。发展农业循环经济的总体目标是在既定的农业资源存量、环境容量以及生态阈值综合约束下,运用循环经济理论组织农业生产活动以及农业生产体系,在农业生产过程和农产品生命周期中减少资源、物质的投入量和减少废物的产生与排放量,加大对废物资源的循环利用,提高农业生产系统的产出量,实现农业经济和生态环境效益的双赢。

6.1.2 农业循环经济发展模式构建的指导思想

以科学发展观为统领,以现代化农业理念为指导,认真贯彻国家发展循环经济,建设节约型社会的政策导向,结合我国各区域发展的总体规划,以科学发展观为指导,以提高资源利用率和降低废弃物排放为目标,以当地的技术创新为动力,引导、推行、支撑农业循环经济发展。针对各地的自然资源环境状况和经济技术发展水平,提出符合自身发展特点的农业循环经济发展模式。把企业、农户作为实施农业循环经济的策动力和执行主体,从生产、消费、废弃物的回收等环节,从企业、园区和社会三个层面推进农业循环经济发展。建立高效的管理机制,进行全过程目标控制,综合利用技术开发、技术集成应用、科技示范等方式组织实施,充分整合相关资源和结合农业特点,依靠科技创新、技术产业化实现农业资源的高效利用,改善生态环境,提高人民生活水平,实现经济社会可持续发展,为农业循环经济在更大领域和更高层次上的发展树立典型。

6.2 农业循环经济发展模式构建的原则与步骤

农业循环经济发展是一个集经济、技术和社会于一体的系统工程,它随着经济的发展不断地向前推进和深入。目前我国农业循环经济还处于发展的初级阶段。发展农业循环经济也只能是适合不同区域特点的起步阶段。在农业循环经济的建设过程中,应体现不同层次和不同阶段的要求,实行试点先行、典型带路、逐步推进的方针。[①] 随着我国社会主义市场经济体制的不断完善,农业循环经济的发展模式不断成长,最终将在全国范围内形成农业循环经济的发展模式,形成一种典范,但这必将是一个长期的循序渐进的发展过程。同时,发展农业循环经济在总体上必须遵循相应的原则,同时也应该按照科学合理的步骤循序渐进来展开,当然不排除一些重点地区、重点领域、重点行业通过实施重大举措实现突破,从而促使局部地区实现跨越式发展。

6.2.1 农业循环经济发展模式构建的基本原则

农业循环经济发展模式的构建是一个复杂的大型系统工程,其设计和实施必须严格地遵循系统论的基本原理,另外可持续发展理论和循环经济基本原理也是农业循环经济发展模式构建的主要理论基础。在这些基本原理指导下,农业循环经济发展模式的构建必须遵循整体性原则、可持续原则、因地制宜原则、层次性原则、市场协调原则以及科技先导原则等(诸大建,2000)。

---

① 吴季松:《循环经济概论》,北京航空航天大学出版社 2008 年版。

（1）整体性原则

从全局的角度去观察、思考、分析和解决问题；整体有序模式构建的重要前提；充分关注系统内外各组分之间相互联系、相互作用、相互协调的关系；将农、林、牧、副、渔各业合理组织，形成农业循环经济发展模式的高效率。

（2）可持续原则

农业循环经济发展模式的构建必须实现经济效益、社会效益和环境效益三者协调和统一；在模式构建过程中体现环境有效保护、资源合理利用和经济稳步增长的可持续发展观点。

（3）因地制宜原则

不同地区的气候类型多样，自然条件和生态环境迥异，社会经济基础和人文背景也存在差异，在模式选择上应有所侧重；所构建的农业循环经济发展模式应能够适应当地自然、社会、经济条件的变化，克服影响其发展的障碍因索，并具有一定的自我调控功能，可以充分利用当地资源，发挥最佳生产效率；农业循环经济发展模式应与实际情况紧密结合。

（4）层次性原则

农业循环经济发展模式由许多子系统和层次组成，不同层次之间的结构单元具有不同的功能；在构建模式时，理顺各个子系统的层次关系以及相互之间的能量、物质、信息传递；确定层次之间的结构，分析各组分在时间和空间上的位置、环境结构和经济结构的配置状况；分析层次之间物质流、能量流、信息流、价值流的途径和规律。

（5）市场协调原则

农业循环经济发展模式所生产产品的市场需求情况，直接影响到农业生产模式的经济效益；在构建农业循环经济发展模式时，应充分考虑其产品的市场需求与潜在的市场前景；产品数量、质量和市场需求协调统一。

（6）科技先导原则

在模式构建过程中充分利用分析、模拟、规划、决策的手段和技术；利用现代农业技术来实现农业的可持续发展，提高农业的生产力和生产效益。

显然，"5R"原则是循环经济的基本原则，即"再思考、减量化、再利用、再循环、再修复"原则，每个原则对农业循环经济的成功推进都是必不可少的。

6.2.2　农业循环经济发展模式构建的一般步骤

农业循环经济发展模式是人类干预自然生态系统的产物。从本质上讲，农业循环经济发展模式的构建过程就是通过人类合理干预和调控，使农业系统不断完善、优化和提高的过程。同时,农业系统是由农业生态、农业经济、农业技术三个子系统相互联系、相互作用形成的一个高阶多级复合系统,所以农业循环经济发展模式的构建也是一个系统性工程,必须从系统的角度出发,进行全面规划,科学设计,使农业系统相对稳定,并处于相互适应和协调发展的状态。构建农业循环经济发展模式的技术路线主要包括六个步骤:即农业现状调查与因素识别、农业循环经济系统评价、农业系统聚类分析与区划、农业循环经济发展模式优化设计、农业循环经济发展模式分析、农业循环经济实施途径和保障措施。具体路线如图 6-1 所示。

图 6-1　构建农业循环经济发展模式的一般步骤

(1)农业现状调查与因素识别

①农业现状调查

农业现状调查(系统辨识)是构建农业循环经济发展模式工作的第一步。这一阶段的目的是明确所调查的对象是什么系统;明确系统构建的基本目标;划清系统边界,确定系统的规模和级别。农业循环经济系统按规模大小可分为涉及三次产业的区域社会经济自然复合系统、涵盖农林牧副渔的大农业生态经济系统、以种植或养殖为主的专项农业生态经济子系统、具体到农田或池塘的小型农业系统。农业循环经济系统的构建目标随不同区域、不同系统而有所不同,但概括起来主要分为三大目标,即完善系统结构、提高系统功能和增加系统效益,继而实现区域经济、社会和环境的协调发展。系统边界应根据构建目标而定,以市(县)、乡、村行政区划甚至以庭院为系统边界进行设计。

具体任务是对现状进行考察,即调查、收集有关的资料和数据。调查过程中,应当注意农业循环经济系统并不是一个孤立的系统,它与自然、社会和经济大系统之间存在相互依存的关系。一般来说,自然环境和资源条件对农业生态系统的作用是长期的,不可逃避的,而社会、经济条件的影响是潜在的,并随时间推移而不断发生变化的。因此,在现状考察阶段应对系统的各种影响因素进行全面、深入的了解。

具体调查内容包括自然资源分布、经济社会发展程度等各类信息。其中,自然资源考察内容主要包括土壤、水利、气候、农作物品种的情况;而对经济、社会发展等方面的调查内容包括农村经济状况、人口规模、农民收入状况等。

②农业发展因素识别

农业循环经济发展模式的构建往往表现为对现有农业系统的改进,因此在确定对象系统的目标、边界和规模后,要进行第二步即农业循环经济发展因素识别(系统诊断)。这一阶段的目的是初步判断农业系统当前的组成、结构、功能三个方面的合理、协调程度。其具体任务是在对农业系统现状充分调查的基础上,进行大量的经济、社会、环境的资料和数据的整理、统计和实验等工作;定性(量)地指出发展农业循环经济的有利条件和制约因素,分析环境、资源等对农业系统的限制、约束的因素及其程度。

(2)农业循环经济系统评价

农业循环经济系统评价是在系统诊断的基础上,确定发展农业循环经济的关键问题和突破口。农业循环经济系统的研究必须定性与定量相结合,并逐步由定性走向定量。这一阶段的目的是按照农业循环经济发展的目标抽象出可以量化的系统评价指标,为确定模式构建方案提供理论支撑。其具体任务是建立一套农业循环经济评价指标体系和评价方法,通过系统评价来检测区域农业循环经济发展水平;通过系统评价来衡量农业可持续发展的能力,判断农业发展能否达到预期的目标;通过系统评价为发展区域农业循环经济提供辅助决策服务,这也是发展农业循环经济从理论阶段进入可操作性研究阶段的前提。

(3)农业系统聚类分析与区划

农业循环经济是农业实践从局部、直线的主导思想向全面、系统方向发展的产物,因此选择在经济上和生态上都有意义的相对完整的单元来进行农业生产非常重要。这一阶段的目的是根据农业循环经济发展区划的原则,对农业循环经济进行科学的区域划分(系统综合与分析);有针对性地完善农业内部结构,强化生态功能,建立稳定的农业循环经济发展模式,实现系统内部物质循环利用和区域农业循环经济的健康发展(韩宝平、孙晓菲,2003)。具体任务是在弄清各地农业生产的现状和影响因素的基础上,通过聚类分析将那些农业经济、社会发展、资源环境、技术水平等实际状况相类似的县市区归类,剖析、发现各类地区的差异并对症下药,合理确定各分区主导农业循环经济发展模式,为制定发展对策提供依据。

(4)农业循环经济发展模式优化设计

农业循环经济发展模式的优化设计(系统优化)是整个系统构建工程的核心任务。这一阶段的目的是在前期调查评价工作基础上,结合农业循环经济发展的目标、农业循环经济模式构建的原则、各农业分区特点等因素,提出使原有系统结构优化、功能提升的一种或几种主导农业循环经济发展模式方案,继而比较在各个可控因素允许变动范围内的不同方案,寻找实现系统预期目标的最优方案。其具体任务是综合运用系统论、生态经济学等理论和农业循环经济配套技术,优化设计出更有效的农业循环经济发展模式,改良现有农业系统。从系统论的角度来看,系统结构优化的途径包括三方面:一是优化系统内部元素组成,引进有活力、增强系统功能作用明显的新鲜元素,取代缺乏生命力的元素;二是优化系统内部各子系统的相互关系,使得子系统之间由不协调变为协调,由低层次的协调变为高层次的协调,从而使系统结构合理化;三是结合系统开放性,通过系统外部的合理投入,增强系统的负熵流,使得系统向着更有序的方向发展,形成耗散结构,实现系统的可持续发展。

(5)农业循环经济发展模式分析

从农业循环经济发展模式初步构建到方案的最终确定,还应由决策者根据经验、方针政策、专家意见等对方案进行分析(系统决策)。这一阶段的目的是从更广泛全面的角度对农业循环经济发展模式方案进行分析,以便最终付诸实施。其具体任务是对新构建的农业循环经济发展模式进行分析和评估,以进一步衡量和确认所构建模式的优劣,并通过对模式内在的机制进行探索,为方案的最终确定提供决策服务。

对农业循环经济发展模式分析的内容包括结构分析、功能分析和综合效益预分析。结构分析是通过分析系统的生态、社会和技术结构来揭示系统的基本特征,研究系统的协调性和稳定性;功能分析是对系统内部各子系统之间及系统与外界环境之间物质、能量、信息、资金投入与产出的情况进行计量和分析,并结合结构评估,反映系统运行过程中的生态平衡和经济平衡状况,进而分析系统运行机制,为今后系统的进一步优化提供依据;综合效益预分析是对系统功能表现形式的评价,按功能表现形式不同可分为生态效益、经济效益和社会效益。系统结构的优劣决定着系统功能的大小,进而决定了系统所能达到的效益高低,因此结构分析、功能分析和效益分析三者是相互联系的。

(6)农业循环经济实施途径和保障措施

选定模式方案后,还要形成具体的实施计划。方案不同,实施计划也不同。农业循环经济发展模式方案的实施是一项十分复杂的任务,涉及面较广,而且农业系统内外部条件也在不断变化,生产实践中会不断出现新情况、新问题。因此这一阶段的目的是采取有效措施,从各个方面对农业循环经济系统的正常运行进行保障。其具体任务是时刻关注系统运行中出现的问题,根据实际情况,提出有针对性的农业循环经济实施途径和保障措施,保证农业循环经济系统能够按预期目标发展(Heeres, R. R., W. J. V. Vermeulen, F. B. de Walle, 2004)。本论文拟从机制以及政策制度等方面提出具体可行的措施,保障农业循环经济的顺利发展。

6.3 中国农业循环经济发展模式构建的影响因素分析

农业循环经济的发展从来都不是孤立的,它受到来自内部和外部因素或条件的作用。这些因素对我国农业循环经济发展模式的选择和运行产生一定的影响。

(1)自然条件的区域差异

人类的生产和生活离不开自然环境。开展循环经济同样与自然环境有着密不可分的关系。例如我国南方的桑基养鱼、蔗基养鱼等循环经济类型,在我国北方地区就无法推行。再如光照丰富的地区可以开展太阳能开发利用,而风力较小的地区就不能进行风能的开发利用。因此,发展农业循环经济,应该针对各地不同的自然条件,因地制宜地塑造各种不同的农业循环经济发展模式。

(2)生态环境的区域差异

如上所述,我国地域辽阔,由于自然条件差异明显,因此生态环境问题本身就具有一定的自然地理区域背景。归纳起来,影响我国农业循环经济发展模式设计的生态环境因素包括以下几个方面:

第一,水土流失严重。与其他发展中国家相比,我国水土流失十分严重。全国水土流失面积367万平方公里,占国土面积的38%。严重区域主要分布在黄土高原和云贵高原以及东部的一些丘陵山地。严重的水土流失造成土地退化、生产力降低,乃至基岩裸露,不但破坏了生态环境系统,威胁着人民的生命财产安全,蚕食着人类赖以生存的农业的发展空间。全国四分之三以上的贫困县都集中在水土流失严重地区。80年代以来,全国沙化面积年均扩大2460平方公里,治理速度赶不上扩展速度,多数地方仍是沙进人退;全国草原面积约3亿公顷,占国土面积的31.8%,但由于草地盲目开垦、草原超载滥牧以及其他人为的破坏,草原"三化"(沙化、碱化、退化)面积已占草原总面积的1/3。

第二,水资源贫乏,水污染严重。水资源贫乏是制约我国农业发展的一大因素,尤其是降水量南北分布严重不均和年际间变异过大,使约占粮食播种总面积55%的重要农业区淮河以北的三北地区(东北、华北、西北)水资源只占全国总量的14.4%;大面积发展灌溉农业特别是使用地下水灌溉的地区,如华北,已形成1.5万—2万平方公里的地下水位漏斗区,地下水位每年平均下降约1.5米,导致灌溉成本不断上升;由于黄河上游及中游不断引黄灌溉,加上近几十年干旱频繁,黄河已连续十几次断流,1997年断流长达226天,创历史纪录。我国已整体进入水资源的危机阶段。

第三,农业污染严重。农业投肥失衡导致水体水质变化或污染。农业高产区和城市郊区特别是菜区因投肥结构和投肥量失衡已经开始造成地表和地下水硝酸盐含量的增加,导致污染。大量滥施农药不仅增加了病害虫的抗性和农产品的残留物,严重影响农产品质量和人民健康,而且增加了出口贸易的难度。城市郊区大型畜牧业的发展,使大量粪便对地下水的污染不断扩大,已经严重威胁着城市郊区的环境保护和可持续发展。另外,农田工业"三废"污染及酸雨危害。全国大型工矿企业和农村工业均不同程度地存在"三废"污染,并且近年来酸雨危害呈逐年加重趋势。

第四,耕地面积锐减,地下水位不断下降。随着城市化进程的不断加快及基础设施建设的高涨,全国人均耕地日益减少。另外,由于工业与农业过度开采地下水,地下水位不断下降。

第五,"石化"危害严重。我国石灰岩地区主要分布在云南、贵州、广西和四川、湖南等地,这些"石化"地区的面积虽然比沙漠和黄土高原小,但居住的人口最为稠密,危害更大。

(3)经济发展水平差异

农业循环经济的发展除了受自然条件影响外,经济发展水平也将直接影响农业循环经济的发育水平。我国东部沿海地区,在改革开放较早和区位优势的作用下,经济实力远远强于我国其他地区;中部及东北等地区经济发展有一定的基础,发展农业循环经济有一定的经济支撑;我国西部地区是中国经济发展的滞后地区,经济发展水平普遍落后,这就造成了我国区域经济发展中的"东—中—西"格局。根据环境库兹涅茨曲线理论,在一国或地区的发展过程中,特别是工业化过程中,环境质量存在先恶化后改善的"U"型发展过程。当人均GDP达到5000—10000美元时,才能出现转折点。而我国目前各地区人均GDP均低于环境库兹涅茨曲线转折点,由此可以推知,我国总体上应呈现出由东向西环境质量逐渐上升的分布规律,即东部地区经济发展水平较高,相应的资源环境负荷也较高;西部地区经济发展落后,相应的资源环境负荷相应也要小一些。环境库兹涅茨曲线是经济发展水平和资源环境质量在空间上的反映,指导我国在发展循环经济的过程中,在追求经济目标和环境目标的同时,因地制宜地选择农业循环经济的发展模式。

(4)经济技术条件差异

经济技术因素对农业循环经济发展模式的形成起着重要作用。在现代科学技术日益发展的今天,技术经济因素对农业发展的作用不可低估,并在一定程度上对自然或生态因素具有部分替代作用。而技术经济条件同样在全国各地具有明显差异,区域特征更为明显。因此,技术经济因素同自然生态、环境因素一道成为循环农业模式区域性形成的重要影响因素。

6.4　中国农业循环经济发展模式的构建

6.4.1　中国农业循环经济发展模式架构

　　农业可持续发展是可持续发展的重要组成部分,而作为人类生存和农业发展基础的农业资源的有效配置和合理利用是农业实现可持续发展的基础。"农业资源是指人们从事农业生产或农业经济活动中可以利用的各种资源,包括农业自然资源和农业社会资源。农业自然资源主要指自然界存在的,可为农业生产服务的物质、能量和环境条件的总称。它包括水资源、土地资源、气候资源和物种资源等等。农业社会资源指社会、经济和科学技术因素中可以用于农业生产的各种要素,主要有人口、劳动力、科学技术和技术装备、资金、经济体制和政策以及法律法规等。"一般认为,将传统的农业发展模式转变为农业循环经济发展模式的核心问题应该是农业资源(包括农业自然资源和农业社会资源)的有效配置和合理利用(肖玲、林琳,2006)。

　　根据人类发展农业对自然环境造成的不利影响程度和人类对自身活动导致的外部不经济的态度,可以将农业发展模式大致划分为:传统农业发展模式、循环型农业发展模式两种类型。

　　(1)传统农业发展模式的架构

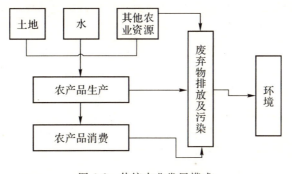

图 6-2　传统农业发展模式

由图 6-2 可知,传统农业发展模式是一种"农业资源—农业产品生产—农业产品消费—污染排放"的单向线性开放式经济过程。在这种经济模式中,人们以越来越高的强度把用于农业生产的农业资源开发出来,在生产加工和消费过程中又把污染和废物大量地排放到环境中去,对资源的配置是低效的,而且资源的利用常常是粗放的,传统农业发展模式实际上是通过把农业资源持续不断地变成废物来实现农业产品的数量型增长,导致了许多农业资源的短缺与枯竭,并酿成了环境污染后果。

人类从自然中获取资源,又不加任何处理地向环境排放废弃物,在早期阶段,由于人类对自然的开发能力有限,以及自然环境本身的自净能力还较强,所以人类活动对自然环境的影响不很明显。但是,后来随着工业的发展、生产规模的扩大和人口的增长,环境的自净能力削弱乃至丧失,这种发展模式导致的环境问题日益严重,资源短缺的危机愈发突出。我们看到传统农业发展模式以高投入、低利用、高排放为特征,没有主动考虑农业经济活动对环境的破坏,从自然环境中不断索取农业资源,并不加处理地向环境中排放废弃物,必然会不断加剧资源短缺、生态退化和环境污染。由此造成出入农业经济系统的物质流远远大于系统内部相互交流的物质流,经济增长以大量消耗自然界的农业资源和能源以及大规模破坏人类生存和发展环境为代价,在其发展理念和物流及能流模式中,没有体现"反馈"这一重要的特征,根据热力学第一定律及熵定律可知,在这种农业经济系统中对农业资源的需求会越来越多,废弃物的数量也会不断增多,且有效能量会越来越少。故该模式是不能实现可持续发展的(陈德敏、王文献,2002)。

(2)循环型农业发展模式架构

如前所述,循环经济模式要求遵循生态学规律,合理利用自然资源和环境容量,在物质不断循环利用的基础上发展经济,使经济系统和谐地纳入自然生态系统的物质循环过程中。循环经济模式倡导的是一种与环境和谐的经济发展模式,遵循"减量化、再使用、再循环"原则,以达到减少进入生产流程的物质量、以不同方式多次反复使用某种物品和废弃物的资源化的目的,是一个"资源—产品—再生资源"的闭环反馈式循环过程,最终实现"最适开采、最优生产、最适消费、最少废弃"。循环经济为传统经济模式向可持续发展和产业生态化的经济模式转变提供了一种全新的战略性理论范式,从而从根本上消解了长期以来环境与发展之间的尖锐冲突(见图 6-3)。

将循环经济理论具体运用到对农业经济系统的分析中,认为循环型农业发展模式是按照生态学规律合理配置和利用农业资源、农业能源和维持环境容量,

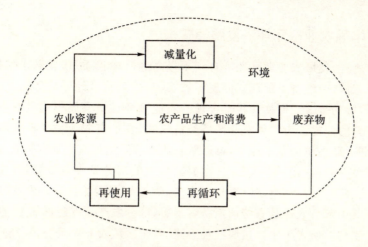

图 6-3　循环型农业发展模式

重新调整农业经济系统的运行方式,是实现农业经济增长转型的发展模式,是实施农业可持续发展战略的重要途径和有效方式。同时也是以实现农业经济发展中农业资源及农业能源使用的减量化、产品的反复使用和废弃物的资源化、无害化为目的,用"最适量资源—最适生产—最适量产品—最适消费—最适量再生资源"的环状反馈式循环理念重构经济增长方式和运行过程,最终在区域内构建并实现"最适生产、最适消费、最适循环、最适废弃"的协调型循环型农业体系。

根据国内外学者的各种观点,可以将循环型农业发展模式与传统农业发展模式的差异总结,见表 6-1。

表 6-1　循环型农业发展模式与传统农业发展模式的比较

项　目	循环型农业发展模式	传统农业发展模式
物流模式	循环、闭合	线性、单向
生态伦理观	生命中心伦理	人类中心主义
生态阈值	关注	关注少
投资数量	少	多
污染物的数量	少	多
自然资源的损耗	少	多
主体间关系	协作	竞争
经济效益	多	少
社会效益	大	小
生态效益	大	小

6.4.2　中国农业循环经济发展模式构思

如前所述,发展农业循环经济有利于提高经济增长质量,有利于保护环境、节约资源,是转变经济发展模式的现实需要,是一项符合地区具体情况、利国利民、前景广阔的事业。而构建科学合理的农业循环经济发展模式是农业循环经济顺利展开的前提。为完善农业循环经济模式,在已有农业循环模式研究的基础上,按照循环经济的基本原则,可以对农业大系统进行流程规划。农业循环经济模型图见图6-5。由图6-4看出,需要减量化的部分是农业资源,农业资源包括土地、水、肥料、种子、电、油(煤)、人力等;需要再利用的部分是农产品和农业废弃物。其中部分农产品直接被消费者消费,部分农产品需要再加工,形成新的加工产品送到消费者手中。按照这种思路,对于区域农业大系统,从经营主体的特点出发可将农业循环经济模式划分为四种类型,即家庭农业循环经济模式、农业龙头企业循环经济模式、农业园区循环经济模式和城镇化农业循环经济模式。

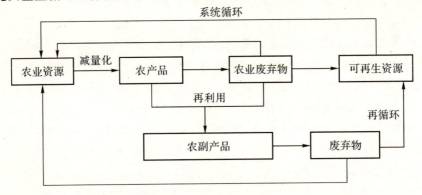

图 6-4　农业循环经济模型

1. 家庭农业循环经济模式

在社会主义新农村建设过程中,环境建设是新农村建设的重点任务之一,家庭产生的垃圾严重影响着村容整洁,成为农村的点污染源。据相关数据,我国农村地区每天产生的生活垃圾达100万吨以上,大部分未经处理的垃圾成为蚊蝇孳生的地方和地表、地下水的重要污染源,最终造成农村面源污染。

家庭农业循环经济模式是把一个家庭作为独立单元,并形成一个系统,在这个系统中,资源包括水、电、煤气等,中间产品包括人和家禽,废弃物包括生活垃圾、人和家禽产生的粪便以及从田地收回的秸秆等。对于如何处理家庭垃圾,有两种选择,第一是街道摆放或建设垃圾池,进行集中处理;第二是建设户用沼气池,即在自家的院子中建立户用沼气池,用于处理家庭产生的所有有机垃圾。通过这两种方案的比较,本文认为,建立户用沼气池是最优选择。家庭农业循环经济流程图见图 6-5。

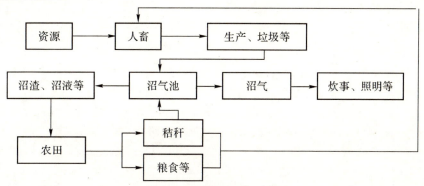

图 6-5 家庭农业循环经济模式

2. 农业龙头企业循环经济模式

随着我国工业的发达、科技的进步,近几年农业龙头企业像雨后春笋般在全国各地蓬勃发展,同时也给环境造成了巨大污染:据统计,我国仅猪、牛、鸡三大类畜禽粪便年排放化学需氧量(COD)达 6900 多万吨,是全国工业和生活污水 COD 的 5 倍以上,成为首要污染源。

农业龙头企业循环经济模式是把企业作为一个循环系统,在企业内实现生态循环。龙头企业的资源包括水、电、暖、生产用原材料等;中间产品为农产品加工产品;废弃物包括工人生活垃圾、生产过程中产生的固、液、气等废弃物。本文以畜禽养殖龙头企业为典型进行循环经济模式设计。设计思路是:以沼气池为核心,规模畜禽养殖产生大量畜禽粪便,通过沼气池对畜禽粪便进行处理,产生沼气用于发电,部分电供企业内使用,部分电可以向周围住户及企业销售。沼气也可以罐装储存,向居民销售液化气,用于炊事。另外,沼气池发酵产生的 CO_2、CH_4 通过申请 CDM 项目可以向发达国家销售减排指标。沼气池产生的沼渣、沼液通过技术处理,生成绿色肥料,部分用于企业承包的农田,生产畜禽所需饲料,部分向其他企业或农户销售。农业龙头企业循环经济模式见图 6-6。

3. 农业园区循环经济模式

农业园区是近两年才兴起的,为实现企业集群效应,把各类相关企业聚集到园区内。农业园区的建设,一方面可以产生巨大经济和社会效益,另一方面也意味着将产生更多的垃圾,形成更大的污染源。

如何实现园区废弃物综合利用,有效控制园区污染,是今后一段时间园区要

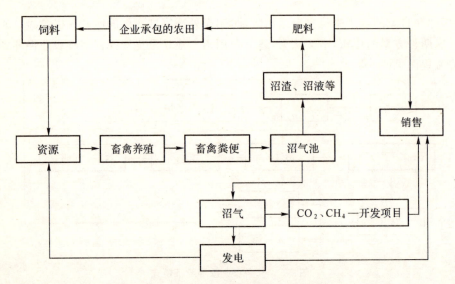

图 6-6　农业龙头企业循环经济模式

解决的重要问题。农业园区循环经济模式是以园区作为一个系统。在园区建设初期,综合规划园区内热电能源的梯级利用系统,通过严格筛选进园项目,把各类农业生产及加工企业聚集到园区,同时聚集上、下游企业,实现生产企业梯级链接,在纵向拉长产业链的同时,横向耦合相关产业,使企业之间产品能配套、废物能循环,形成企业间共生发展模式。设计思路是:存在企业 1、企业 2、企业 3,企业 1 的产品或废弃物是企业 2 生产农产品的原料来源,企业 2 的产品或废弃物是企业 3 生产农产品的原料来源,以此类推到多个企业,这样,在企业之间就形成了产业链条;横向耦合的产业,存在生产、回收包装企业和物流企业。生产、回收包装企业为企业提供产品包装,同时回收废旧包装,通过整形后以较低价格重新销售给生产企业,降低企业生产成本。物流企业则负责企业产品的运输和配给。在这种模式中,以沼气池为纽带,收集各生产企业产生的有机废弃物制取沼气用于发电,部分电成为园区的热电能源,部分电向周围企业及居民进行销售。沼气池产生的沼渣、沼液通过技术处理形成绿色肥料进行销售。同时,开发 CDM 项目,向发达国家销售减排指标。农业园区循环经济模式见图 6-7。

　　4.城镇化农业循环经济模式

　　城镇化循环经济模式是以城镇作为一个循环系统,在这个系统内实现生态循环。城镇化过程中城乡工业及生活垃圾的处理和利用是一项系统工程,应通过各个环节的合作,进行系统的开发、利用和管理。例如,垃圾的减量化、无害化处理,实现资源化、产业化利用,促进良性循环,实现城乡垃圾零排放、零污染。

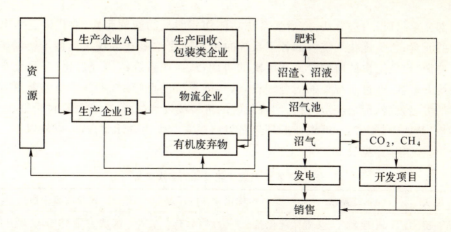

图 6-7 农业园区循环经济模式

城乡工业及生活垃圾处理和利用的产业化模式,就是将垃圾的收集、分类、处理和综合利用等环节有机联系起来,形成产业,由企业经营运作,在城市和乡村系统间进行多层次、高效能的物质交换和能量转换,实现不同系统间的横向耦合及资源共享,变污染负效益为资源正效益。

城镇化循环经济模式的设计思路是:以垃圾处理站为核心,建立大型沼气池,联合开发区、产业园区、周边企业及农业基地等各种可利用资源,通过政府政策引导,使他们形成利益共同体,要求各经营主体产生的垃圾主动运往垃圾处理站,同时这些经营主体可以较低的价格或相当于运送垃圾的比例享受沼气池产生的成果,如电、肥料等,最终形成整个城镇的循环经济体系。目前,受各种因素影响,这种大型沼气池在以镇为单位的区域内运行还有一定难度,但以村为单位的秸秆燃气站已经开始运行,为小城镇的循环经济模式运行树立了样板。随着区域规划的不断加强,城镇化循环经济模式将成为未来保持区域生态平衡的一种重要方式。

推广城镇化农业循环经济模式时还需在分类收集、技术利用和管理体制等几方面实施相应的举措:一是建立和完善垃圾分类收集处理系统;二是完善技术创新和技术手段的研发体系。要积极开发和应用生物降解技术,提高生活垃圾堆肥质量,同时要积极开拓工业垃圾农业循环利用的新途径;三是建立和健全相关法律制度体系。

6.4.3 农业循环经济发展模式优化设计

(1)农业循环经济发展优化设计理论
从系统论的角度来看,系统结构优化的途径主要包括三方面:一是优化系统内部元素组成,引进有活力、增强系统功能作用明显的新鲜元素,取代缺乏生命力的元素;二是优化系统内部各子系统的相互关系,使得子系统之间由不协调变为协调,由低层次的协调变为高层次的协调,从而使系统结构合理化;三是结合系统开放性,通过系统外部的合理投入,增强系统的负熵流,使得系统朝着更有序的方向发展,形成耗散结构,实现系统的可持续发展(许海玲、李珊、付秀平、于冬梅、黄业中,2007)。就农业循环经济发展模式的优化设计而言,可以从以下三个层次入手,详见表6-2。

表 6-2　农业系统优化设计的层次结构

层次	系统规模	优化设计内容	系统改良手段
第一层次	区域性综合农业系统	优化三次产业结构,延长农业产业链,提高农产品附加值	区域农业综合规划技术,耗散结构理论,模糊聚类分析等
第二层次	农林牧副渔的大农业系统	协调用地构成、各业比例、模式优化组合	数学建模,投入产出分析等
第三层次	不同生态位的生物类群,作物,树,牲畜、鱼等	立体种植,间作套种,稻鱼共生	生态经济学原理,平面、垂直、时间、食物链设计等

①大农业系统边界外延,利用农业系统开放特性,增强系统与外部的物质、能量交换。如将农业与二产(加工制造业)、三产(物流、旅游业)相结合,将农业产业链从种植业、林业、渔业、牧业延伸到农产品生产加工业、农产品贸易与服务业、农产品消费领域,借助二、三产业向农业系统投入一定的物质、能量和资金,增强农业系统的负熵流,形成呈网状的相互依存、密切联系、协同作用的循环经济型产业体系(链网)。

可供参考的如观光生态农业模式。该模式是以旅游为载体,将农业与服务业相结合的经营模式(Haque A., I. M. Mujtaba, J. N. B. Bell, 2000)。在交通发达的城市郊区或旅游区附近,根据自身特点,以市场需求为导向,以农业高新技术产业化开发为中心,以农产品加工为突破口,以旅游观光服务为手段,在提升传统产业的同时,培植名贵瓜、果、菜、花卉和特种畜、禽、鱼以及第三产业等新型产业,进行农业观光园建设,是目前城市郊区和旅游区生态农业建设的重点。

再比如农村庭院型发展模式。农村庭院具有独特的生态环境,特定的自然景观,多产业的经济活动,它和广大城镇一起组成了我国"人居环境"大系统,是我国循环型农业模式建设中的一个重要组成部分。建立庭院循环模式是把生态学、生态经济学等基本原理应用在村镇庭院的种植、养殖、加工、住宅建筑、园林绿化等多业的有机结合上,形成不同循环类型的村镇庭院生态系统。

②在大农业系统内部对各子系统进行优化组合,通过废物交换、循环利用、要素耦合和产业生态链等方式,使农、林、牧、副、渔各子系统形成在质上相互依存、相互制约,在量上按一定比例组成的有机体,如农林联结、林牧联结、农基鱼塘系统等。以上两个层次侧重产业结构及用地构成的优化,可依据资源潜力、生态经济特点及可持续发展适宜度进行分区设计。

可供参考的如农、牧、渔综合种养型发展模式。该模式吸收现代科技成就和传统农业精华,将相应的人工养殖动物、植物、微生物等生物种群有机地匹配组合起来,形成一个良性的减耗型食物链生产工艺体系。既能合理而有效地开发和利用多种可饲资源,使低值的自然资源转化为高值的畜产品,又能防治农村环境污染,还能使经济、生态、社会三大效益建立在稳定、高效、持续的发展中,形成一个综合种养循环生态系统。

再比如以沼气为纽带资源利用型发展模式。该模式是利用沼气池这一农业接口工程,把农业和农村产生的秸秆、人畜粪便等有机废物转变为有用的资源进行综合利用。主要模式:一是"三结合",如沼气池—猪舍—鱼塘,沼气池—牛舍—果园,沼气池—禽舍—日光温室等;二是"四结合"如沼气池—猪禽舍—厕所—日光温室(或果园、鱼塘、大田种植)等模式,是庭院经济与农业循环结合最典型的一种模式。

③根据生物之间的互利共生关系形成空间、时间及物种的合理组合,使处于不同生态位的生物类群在系统中各得其所,提高光、水和养料的资源利用率,减少系统中的熵增,如农作物轮作、间作套种等。可供参考的如农林复合型发展模式。该模式是指在同一土地管理单元上,人为地把多年生木本植物(如乔木、灌木、棕榈、竹类等)与栽培作物(如农作物、药用植物以及真菌等)和(或)动物,在空间上进行合理组合的土地利用和技术系统的综合(吴天马,2002)。

同时,上述三个层次系统可以相互结合,低层次系统是高层次系统发展的基础,而高层次系统反过来又可带动低层次系统的发展,依据不同的环境和要求通过上述三个层次的优化方法为决策者提供一种或几种可选择的农业循环经济发展模式方案,从而构建一个自组织功能不断增强的循环经济型农业系统。本论文将根据分区结果,按照各分区农业循环经济发展现状和产业结构特点,有针对性地构建适宜各分区的农业循环经济发展模式。

（2）我国农业循环经济的细分与优化模式

农业循环经济模式的分类是一个较为复杂的问题，按照不同的分类标准和方法有不同的分类体系。按资源的利用方式、系统功能原理或产业结构特点可分为限制因子调控模式、生物共生互利模式、物质良性循环模式、种养加结合模式、庭院生态经济模式共五大类，每一大类又包含许多较小的类型。本文以山东省为例，对农业循环经济的主要优化和细分模式类型进行简单介绍。

① 以防治自然灾害、改善生态环境为重点的限制因子调控模式

这种模式是针对影响当地农业生产的土地退化、病虫草害等因素，采取各种技术措施进行合理调控，以改善农业生态环境和生产条件，增强农业抗御自然灾害的能力。这种模式主要包括：病虫草害的综合防治、黄淮海平原的农林复合生态系统、山地丘陵区的小流域综合治理、沿海和内陆盐碱滩涂的开发治理模式等类型。

针对水土流失严重的现状，山东省在许多山地丘陵区采用了"山顶乔灌草戴帽、山腰经济林缠绕、山脚梯田粮油菜、堰边种植花草条、谷坊塘坝沿沟建、林水路田都配套"的综合开发治理模式，取得了良好效果。

在鲁西北平原地区，为防治风沙危害，大力兴建农田防护林带，实行林农间作，有效改善了农业生产条件，保障了农业持续增产（Qinghua Zhu, P. C. Raymond，2004）。

在东营、滨洲等鲁北平原的盐碱涝洼地上，创建了"上农下渔、渔农结合"的开发治理模式，昔日的荒碱滩呈现出鱼肥粮丰的可喜景象。

② 充分利用时间和空间、高产高效的生物共生互利模式

这种模式是利用各种生物的不同特性，在空间上合理搭配，时间上巧妙安排，使其各得其所、相得益彰、互惠互利，从而提高资源的利用率和单位时间空间内生物产品的产出，增加经济效益。可分为立体种植、立体养殖、立体种养三种类型。

立体种植型，如以粮棉油作物为主的各种农田间套复种，鲁西南地区的棉粮间作，鲁北地区的枣粮间作，许多地方的果粮、果油、果菇间作，及林下种植食用菌、玉米套种平菇等。

立体养殖型，如不同鱼种的立体混养，鱼鸭共生，鱼蚌共生，鱼鳖共生，禽鱼蚌共生等。

立体种养型，如在稻田或藕田内养鱼、养虾、养泥鳅、养河蟹，有的在稻田内种植细绿萍后再养鸭或养鱼。

③开发利用有机废弃物资源、优化配套的物质良性循环模式

这种模式通过充分利用秸秆、粪便、加工废弃物等农业有机废弃物资源,将种植业生产、畜牧业生产和水产养殖业生产等密切结合起来,使它们相互促进、协调发展,一个生产环节的产出是另一个生产环节的投入,从而防止了环境污染,提高了资源利用率,并转化形成更多的经济产品。这种模式类型繁多,举例如下。

水陆交换的基塘农业模式。即在内陆盐碱、涝洼地区或地表水较丰富的地区,挖塘筑基,田基上可以种植桑树、果树、水稻、蔬菜、花草等,水塘可以养鱼、种藕,用饲料、饲草、蚕沙来喂鱼,用塘泥肥田。有的在鱼塘边搭棚养鸡,鸡粪喂猪,猪粪入沼气池发酵,沼渣、沼液肥塘养鱼,形成所谓的鸡、猪、沼、鱼牧基鱼塘模式。

山丘区"猪沼果"结合模式。在果园内建沼气池、养猪喂鸡,猪粪、树叶、烂果等入沼气池发酵生产沼气,用于照明和做饭,沼渣、沼液等做果树的高效有机肥料。

"多位一体"生态大棚模式。在蔬菜大棚内养猪、建沼气池,猪粪尿入池发酵产生沼气,沼气用作炊事、增光、升温、提供二氧化碳气肥,沼渣、沼液做蔬菜的有机肥或猪饲料,从而实现产气、积肥同步,种植、养殖并举,建立起种养沼结合的良性循环系统。

以沼气发酵为纽带,种养结合的物质多层次循环利用模式。在农户庭院中建设户用小型沼气池或者是集中连片建设大中型沼气站,利用秸秆、畜禽粪便等发酵生产沼气,沼渣、沼液可以肥田、做畜禽饲料或养殖食用菌等,种植业和养殖业相互促进、协调发展。

④种养加结合、农工贸一体化的开放复合模式

该模式立足当地资源优势和市场需求,大力发展以农畜产品加工为主的工副业生产,积极扶持第三产业,使种、养、加、贮、运、销、服务相配套,同时不断改善农业生态环境,形成以工补农、以农带牧、以牧促农、以农牧发展推进工业生产的生态经济大循环和开放复合式的结构。

位于山东省菏泽市的裕鲁实业集团公司,是一家综合性食品加工企业,通过公司带基地、基地连农户的方式,带动了周边5县38个乡镇的蔬菜、瓜果、芦笋和养牛、养鸡生产,增加了农民收入。山东省广饶县近年来重点发展了粮食、蔬菜、畜牧、食用菌、水产五大龙头企业,在畜牧企业的带动下,全县养殖规模迅速扩大,有规模饲养小区45个、畜牧专业村55个,初步形成了农业生态经济的良性循环。

⑤庭院生态经济模式

农村中千家万户的庭院是农业开发的重要潜在资源。开展庭院生态经济建设对于充分利用农村剩余劳动力,缓和人地矛盾,改善环境卫生,促进农民致富,具有重要意义。目前主要可分为以下五种类型。

专项经营型。即以庭院种植、养殖、贮藏、加工或从事盆景、雕刻等单项生产为主。

立体开发型。即在有限的庭院空间内将各种动植物按其各自特点合理搭配,适当安排。如在庭院栽葡萄、佛手瓜,下面种蘑菇、中药材等耐阴植物,或养殖鸡、猪等家畜。

以种促养型。即通过发展庭院种植,促进庭院养殖的发展,畜禽粪便又可作为种植业的有机肥料,从而实现种养结合。例如,庭院种植蔬菜带动了养兔业的发展,兔粪又是蔬菜的有机肥,从而使种菜养兔双丰收。

以养促养型。即利用食物链原理、实现不同动物养殖的最优组合,使资源得以有效利用,以求最大经济效益和生态效益。如用土鳖喂蝎子,用蝇蛆和蛆卿喂鱼,用羊奶喂鸡、喂貂,鸡粪喂猪等。

能源开发型。在庭院内推广使用省柴节煤灶、太阳能热水器、太阳灶,建设户用小型沼气池等。这种沼气池体积 8—10 立方米,一般 1 头牛或 2 头猪,加上 4 个人的粪便产生的沼气,可供农户烧水做饭 6 个月以上。沼渣沼液不仅可作高效有机肥,还可喂猪、养鱼、种蘑菇等。

6.4.4 中国农业循环经济的具体推进模式

需要在区域、生态农业园区以及个人三大层面积极行动起来,大力推进农业循环经济发展模式的具体实施。[①] 探索农业循环经济发展的实践模式是在农业经济系统中推进循环经济发展的重大实践课题。根据农业循环经济发展模式构建的指导思想、基本原则等,提出从微观到宏观按以下四大层面依次递进:

(1)微观层面的点循环——单个农户及单个消费者

要求单个农户在农业生产过程中不仅要注重农产品数量增加和农产品质量提高,而且要尽可能地减少对人体有害及破坏自然环境的化肥、农药等物品的使用。另外,通过农产品的清洁生产,有效配置农业资源以最大限度地减少对不可再生资源的耗竭性开采与利用,并应用替代性的可再生资源,以期尽可能地减少进入农业生产、农产品消费过程的物质流和能源流。单个消费者应该购买具有

---

① 严少华:《现代循环农业产业化模式的实践与探索》,《江苏农村经济》2006 年第 11 期。

最大比例的二次资源制成的农产品,使得农业经济的整个过程(田间—农产品生产—农产品消费—农业再生资源—田间)尽量实现闭合。

(2)园区层面的线循环——生态农业园区

按照产业生态理论建立产业生态园,是推行循环经济的一种先进方式,世界上有许多成功的典型。这种方式模仿自然生态系统,使资源和能源在这个产业系统中循环使用,上家的废料成为下家的原料和动力,尽可能把各种资源都充分利用起来,做到资源共享,各得其利,共同发展。

在人类社会进入可持续发展的时代,必须对传统农业发展模式进行革新,以创新的思路、科学的态度,运用循环经济的原理,加快实现传统农业发展模式向循环农业发展模式的转变,建立资源、环境、社会经济协调发展的循环型农业发展模式。要切实解决与农业相关企业的发展与当地资源开发不协调的问题,选择一些基础好、以优势资源为依托的产业,通过技术改造,发展深加工的加工业,将资源优势转化为经济优势,形成资源、加工制造、产品销售一条龙的区域优势产业,大力培育和发展生态农业园区,带动本地区产业的可持续发展。依靠科技进步,建立以无污染、节能为主的农业生产与加工生态系统。同时应根据不同地区的生态环境质量和产业体系的特点,选择一批已建成的农业园区作为推进循环经济的试点生态农业园,运用产业生态学原理,对其进行完善改造,重构园区内的物质流、能量流、信息流,使之逐渐符合发展循环经济的要求;另外,在新建生态农业园区时,更应该从规划阶段起就引入循环经济的理念和基本原则,在建设中彻底贯彻适应循环经济的设计思想,培育真正能发挥循环经济强大功能的生态农业园。

(3)区域层面的面循环——循环型农业体系

在区域层面上推行循环型农业发展模式,不仅需要循环经济的宣传教育活动,更需要建立长效的推进机制。

首先,要加强政府引导和市场推进作用。在区域循环型农业体系的建设中,继续探索新的循环型农业实践模式。政府有关部门特别是环保部门要认真转变职能,为发展循环经济做好指导和服务工作;充分发挥市场机制在推进区域循环型农业体系构建中的作用,以经济利益为纽带,使循环经济具体实践模式中的各个主体形成互补互动、共生共利的关系。

其次,要建立促进区域循环型农业体系形成的法规制度。借鉴发达国家在区域及社会层面发展循环经济的经验,加快制定适宜本地发展区域循环型农业体系的法规,通过法规对发展循环经济以必要规制,做到有章可循、有法可依。

再次,要大力推广绿色消费意识,引导政府、企业及公众积极参与绿色消费运动,各级政府要发挥表率作用,优先采购经过生态设计或通过环境标志认证的产品,以及经过清洁生产审计或通过 ISO14000 环境管理体系认证的企业的产品。通过政府的绿色采购、消费行为影响企业和公众。在社会意识形态领域还需要有促进构建区域循环型农业体系的良好氛围。

(4)产业层面的大循环——建立循环型现代农业

循环型农业是相对传统农业而言的,并以现代产业的方式和要求对其进行改造,在经营理念、经营主体、经营方式、技术装备和管理体制等方面与其有本质区别。农业产业化是其实现的重要途径,是建设现代农业的重要组成部分。根据国家相关发展计划,建立循环型现代农业体系主要从以下几方面入手:

第一,提高农业科技创新和转化能力。深化农业科研体制改革,建设国家创新基地和区域性农业科研中心,鼓励企业建立农业科技研发中心等(Haque A.,I. M. Mujtaba,J. N. B. Bell,2000)。

第二,加强农村现代流通体系建设。积极推进农产品批发市场升级改造,促进入市农产品质量等级化、包装规格化。鼓励商贸企业、邮政系统和其他各类投资主体通过新建、兼并、联合、加盟等方式,在农村发展现代流通业。

第三,推进农业结构调整。按照高产、优质、高效、生态、安全的要求,调整优化农业结构。建设优势农产品产业带,发展特色农业、绿色食品和生态农业,保护农产品知名品牌,培育壮大主导产业。

第四,发展农业产业化经营。培育有竞争力、带动力强的龙头企业和企业集群示范基地,推广龙头企业、合作组织与农户有机结合的组织形式。

第五,开发节约资源和保护环境的农业技术,推广废弃物综合利用技术、相关产业链接技术和可再生能源开发利用技术。大力开发建立循环经济的绿色制度保障体系和绿色技术支撑体系。以绿色制度变迁促进绿色技术创新,以发展高新技术为基础,开发和建立包括环境工程技术、废物资源化技术、清洁生产技术等在内的"绿色技术"体系。

另外,建立循环型现代农业支撑体系,要注意点、线、面的规划与建设,即"点"——建设现代农业示范园,"线"——建设现代农业产业链,"面"——建设现代农业区域布局。

07 案例研究——江西赣州农业循环经济发展模式的设计

农业循环经济把可持续发展思想和循环经济理念应用于农业生产领域,其特征是实现农业产业链物质和能量梯次闭路循环利用,对自然环境的影响减少到尽可能小的程度,从根本上协调人类和自然的关系,转变农业增长方式和农产品消费方式,促进农业可持续发展。本章以江西省赣州市为例,研究适合赣州市自然气候条件的循环农业发展模式,以期为该区经济发展提供农业发展方式的参考。

7.1 江西赣州的基本概况

赣州市位于赣江上游,江西南部,简称赣南。东接福建省三明市和龙岩市,南临广东省梅州市、河源市和韶关市,西靠湖南省郴州市,北连本省吉安、抚州两地区。该市是中共前苏维埃中央驻地,红军出发地,处于我国东南沿海地区向中部内地延伸的过渡地带,也是内地通向东南沿海的重要通道之一。赣州市是江西省最大的行政区,该市辖章贡区、瑞金市、南康市、于都县、宁都县、兴国县、石城县、大余县、赣县、信丰县、全南县、上犹县、龙南县、定南县、安远县、寻乌县、会昌县、崇义县共1区2市15县,总面积3.94万平方千米,总人口888.95万人,其中农业人口667万人。该市地处南岭、武夷、诸广三大山脉交接地区,地势四周高、中间低。地貌以丘陵、山地为主,占全市土地面积的83%。

赣南位于东径113°54′—116°38′,北纬24°29′—27°09′之间,处于中亚热带南缘,属典型的亚热带湿润季风气候。具有夏热冬暖、光热同季、无霜期长、雨量充沛、湿润多阴等特点,另外立体性、多样性气候特征明显,为多种动植物提供了良好的生长环境,淡水及特色动植物等自然资源富集,为发展特色种养业提供了有利条件。市内农业自然资源比较丰富,是江西省的一个农业大区和经济作物主产区,现已建成为全国的重点林区和全省的糖业、烟叶、橘生产基地,2008 年实现生产总值(GDP)834.77 亿元,农林牧渔总产值 280.55 亿元。财政总收入 100.13 亿元,城市居民人均可支配收入 11834 元,农村居民人均纯收入 3570 元,只有全国平均水平的三分之二。赣南也是全国农村贫困人口相对集中的地区,贫困人口 98 万,占该市总人口的 12.2%。

该市农村面积广、农业人口多、贫困面大的基本情况,决定了农业和农村在经济社会发展中的特殊战略地位,而农业生态环境的可持续是农业循环经济发展的基础。赣南是赣江上游生态环境极度脆弱的地区,环境问题特别是次生环境问题突出,干旱、暴雨、洪涝、水土流失、土地污染、地质灾害等自然灾害频发,使农业生态环境面临严峻挑战,给赣州乃至整个江西省农业循环经济发展造成严重约束。因此,正确地认识和分析赣州发展农业循环经济的条件,并以可持续发展思想为指导,努力探求适合赣州市的农业循环经济发展模式,协调经济社会发展与环境的关系,是实现赣州可持续农业发展的根本保障。

7.2 赣南发展农业循环经济的条件分析

7.2.1 赣南发展农业循环经济的必要性分析

(1)有利于从根本上解决"三农"问题

解决农村发展、农业增效、农民增收问题的根本出路是发展经济。赣州市的农村居民收入水平低,农村贫困人口多,贫困度高。2004 年农村人均纯收入 1837 元,仅为全国平均水平的 75%。农民生活质量低,是全国贫困程度最高的地区之一。因此,依托该市丰富的自然资源,发展农业循环经济,创造良好的经济效益,是实现赣州广大农民脱贫致富的好途径。

(2)有利于生态环境的建设与保护

赣州市生态环境脆弱,表现在森林覆盖率不高、自然灾害频繁、水土流失严重、环境污染突出。大力发展适合该市条件的农业循环经济有利于实现生态环境良性循环,促进区域农业的可持续发展。这也是该市加强生态环境的建设与保护、坚持可持续发展战略的要求。

(3)有利于农村产业结构优化和新经济增长点的培植

除南康市和章贡区等少数地区外,该市大部分县域的经济结构是以大农业为主,而传统的大农业又是以粮猪为主,属于典型的二元经济结构。这种传统的粮猪型二元结构已不适应当前该市的退耕还林(草)、生态建设的需求,而且这种传统的粮猪型结构因目前市场饱和、投入产出效益差,导致农民收入增长缓慢。据对赣县、崇义县部分农户的抽样调查,2008 年农户人均纯收入只有 2880 元,还不到全国平均水平的三分之二,且差距有越拉越大的趋向。根据市场需求和本地特点,因地制宜地发展循环型农业既可较传统的粮猪型产业结构更快地增加农民收入,又可以优化该市的农村产业结构、培植新的经济增长点,促进该市经济持续快速发展。

(4)有利于保证赣江的安全运行

目前沿岸现代传统农业的发展使得水土流失加剧,江水泥沙含量高。而在该市发展农业循环经济,可以有效地改善该市水土流失现状,从根本上减少进入该市的泥沙量,进而保证赣江的安全运行,这也是增加赣江植被覆盖率、遏制或缓解水土流失、重建赣州秀美山川的迫切需要。

7.2.2　赣南发展农业循环经济的优势条件分析

(1)独特的自然生态环境为农业循环经济发展提供了良好的资源环境

赣南属中亚热带湿润季风区,土地资源类型多种多样,水热条件优越,具有立体综合开发优势。赣州市以山地丘陵为主,山地占 71.3%,平原、岗地、坝地仅占 5.9%,多种多样的土地类型为农村多种经营提供了多层次、复合型开发空间。该区热量充足,降水丰沛,冬暖春早,立体性、多样性气候优势明显,为多种动植物提供了良好的生长环境。该市淡水及特色动植物等自然资源丰富,有动植物 6500 多种,特有植物 200 余种,药用植物 2700 余种,国家保护的珍稀动物 43 种。因此,赣州市具有很好的农业特色资源优势,为发展农业循环经济提供了有利条件。赣州市拥有丰富的农副土特产品,不但品种丰富,而且独具特色,尤其是以发展橙、柚为主的柑橘生产的自然条件被中国科学院南方山区综考队认为在全国堪称得天独厚,赣南适宜建立全国的柑橘商品生产基地。此外还有国家有关部门先后命名市内的信丰县为脐橙之乡、南康市为中国甜柚之乡、安远县为中国九龙蜜柚之乡、寻乌县为中国蜜橘之乡、大余县为中国瑞香之乡;石城县为中国白莲之乡、崇义县为中国毛竹之乡、赣县为中国板鸭之乡、会昌县为中国肉兔之乡。

(2)农业产业化经营已有一定基础,成为发展农业循环经济的重要依托

赣南的农业产业化经过近 10 年的发展已经取得了可喜的成绩。主要表现在以下几个方面:其一,培植了龙头企业,建立了农产品生产基地和专业批发市场,规模经营和专业化生产已初具规模;其二,农村合作经济组织发展初见端倪,农业一体化经营开始出现;其三,形成了以"公司+基地+农户"为主体的多种农

业产业化组织模式。农业产业化发展使传统的农业生产经营从单纯的生产领域扩展到农副产品的加工及其流通领域,这就要求农业生产以市场为导向,以经济效益为中心,依托区域内的农业资源优势,优化配置各种生产要素,形成生产专业化、管理企业化、服务社会化的农、工、贸一体化经营,从而达到农业增产农民增收的目标,这正是赣南发展农业循环经济的依托所在。

(3)日益完善的农业科技服务体系为发展农业循环经济提供了强有力的技术支撑

赣南在农业生产技术方面早在 20 世纪 80 年代中期即以信丰柑橘而闻名全国。近年来,又在长期的生产实践中首创并形成了一套完整的柑橘栽培技术,现在已成为中国最大的柑橘种植基地。"信丰柑橘"新品种的产业化在全国领先。目前,该市基本形成了"以县为中心,乡为纽带,科技示范为桥梁"的农技服务网络。目前,该市有各类农业学校 10 所,农业科研单位 12 个,农业科教力量比较雄厚,农业科技服务网络基本建立,为农业循环经济发展提供了强有力的技术支撑。

7.2.3　赣南发展农业循环经济的制约因素分析

(1)资源利用粗放,破坏严重,生态环境问题比较突出

赣南是赣江上游生态环境极度脆弱的地区,资源粗放甚至掠夺式开发利用仍很普遍,环境污染也相当严重,致使资源环境问题十分突出。水土流失面积达 65% 以上;同时地质灾害频发,空气污染、灌溉水污染、土壤污染、酸雨危害严重等。赣南生态区水土流失严重。该区山地面积大,山地占 70%,平原、岗地、坝地仅占 5.9%,丘陵台地面积占 23%;在山地中,坡度 $<5°$ 的面积占总面积的 8.7%,5—15° 的占 48.5%;加上森林覆盖率较低,人为的矿产开采,造成严重的水土流失。严重的水土流失带来的危害是土层瘠薄,地力下降;旱洪灾害加剧;库塘淤塞,影响水利工程效益。

(2)农业基础设施落后,抵御自然灾害的能力差

农业基础设施落后是赣南发展农业循环经济的"瓶颈"所在。首先,该区目前规划中的各类农产品生产基地共有 40 余个,但有效灌溉面积仅占耕地面积的 35%,旱涝保收面积仅占耕地面积的 28%,大大低于全国有效灌溉率 51.9% 的平均水平。中低产田面积大,冷、烂、串、毒低产田和坡地占耕地面积的 80% 以上,水土流失面积占全区总面积的 65%,土壤侵蚀模数平均 3000t/(km².a)。以水土流失严重的寻乌县为例,水土流失面积占全区土地面积的 63.4%,土壤中度侵蚀模数 4100t/(km².a),严重的高达 8000t/(km².a),泥沙流失量 209.10 万

吨;第三,农业生产抵御自然灾害的能力也很差,仅 2009 年,赣州市农作物受灾面积 150 万 hm²,绝收面积达 13 万 hm²,造成经济损失达 72 亿元。

(3)农业劳动力素质低下,农业科技总体水平低

赣南农村人口高比率、低素质以及农业科技水平低是发展农业循环经济,实现农业可持续发展的重大障碍。赣南农业人口占总人口 75%,文盲、半文盲占 10.7%,大专及以上学历的人口占总人口的 1.2%;由于中小学生流失及有一定知识的农村青年转向非农产业,导致农业劳动力素质低下。农民科技文化整体素质低下,使其对农业科技的认识,接受和应用能力差,过程长,对科技成果有效需求极低,赣南科技进步对农业增长贡献率在 30% 以下(全国 40%,北京 47.6%)。因而长期以来赣南农业增长是靠大量消耗资源的粗放经营,离可持续合理利用资源集约经营相距甚远。

(4)涉农工商企业发展不足,农业发展资金投入缺口大

目前,赣南只有极少数龙头骨干企业,市场开拓能力强、辐射带动面大的涉农企业很少,呈现出"小龙多,大龙少"的局面;从各区县看,多数地方是"多条龙并存",而龙头企业与农民利益的纽带关系多是松散式、半紧密型的。在农业资金投入方面,由于缺乏现代化大企业的支撑,规模小、缺口大。

7.3　赣南农业循环经济发展模式设计

鉴于赣南山地气候、地形、土壤立体分异明显,含有六个热量带和多样的生态区。所以生态农业模式设计相应也应具分异的特点,力避趋同与一刀切;其次赣南是一个典型的生态脆弱带,属气候灾害、山地灾害、水土流失频发区,故其农业循环经济发展模式设计应具有较强的抗逆力和避灾减灾功能,否则就无生命力可言。

7.3.1　赣南农业循环经济发展的目标、任务

针对赣南的实际情况,本区发展农业循环经济的基本目标是:加快农村经济发展,消除贫困,保护、改善和重建以森林植被(含林、果、药、茶、竹等)为主的山地生态系统,提高生态环境容量和稳定性,为赣南农业生态环境与资源(特别是紧缺的耕地资源)的永续利用及水质保护和生态安全构筑绿色屏障。其基本任务是:

①发展农业循环经济是加快赣南发展的迫切要求。赣南 18 个县(市、区)级单元中,相当部分属于贫困县。2008 年的抽样表明:部分乡村农民的温饱问题

尚未稳定解决;农民年人均纯收入只有3500多元;反映农村社会经济发展水平的其他绝大部分指标多年来也均列全国靠后位置,成为我国贫困地区之一。因此,加快发展是一切工作的核心。

②发展农业循环经济要以资源(特别是有效供给不足的耕地资源)的永续利用为前提,同赣南农业生态环境相适应。借助现代科学技术,转变传统的农业增长方式,使农业生产经营活动尽可能地减轻对农业资源与环境的破坏,实现农业生态环境和资源的持续利用。

③农业综合生产能力要持续稳定增长。在注重主要作物产量增长的同时,改善产品质量,不断提高赣南优势农副产品的商品率。

④农业效益和农民人均纯收入应不断提高,农民生活水平应有显著改善。农业生产经营规模适度、技术措施先进、结构合理、品种多样性、品质优良化,实现高产、优质、高效。

⑤从赣江流域经济社会与资源环境整体协调发展的高度,在进行赣南循环型农业规划时,应实施合理的生态补偿制度,使地处赣江上游生态重点治理区的赣南与赣江中下游经济相对发达地区能建立起适宜的生态与经济的互动关系和利益补偿机制。

7.3.2　赣南农业循环经济发展模式设计的原则

无论从赣南复合生态系统中社会、经济和生态三大子系统的各单项指标考察,还是从三大子系统的功能、结构及其耦合关系来看,赣南复合生态系统都存在结构、功能关系上的错位和失谐。因此,要实现可持续发展,循环型农业是必由之路。

(1)可持续发展原则

实施可持续发展战略,是关系中华民族生存和发展的长远大计,加快发展循环经济的根本目的就是为了促进可持续发展。为此,要处理好经济发展与保护资源、改善环境的关系,把合理使用和节约资源,提高资源利用效率,保护生态环境放在重要位置。发展农业循环经济模式要遵循可持续发展的原则,形成具有良好经济效益、社会效益和环境效益的新产业体系。

(2)高效率利用和保护资源的原则

赣南耕地资源稀缺,人均耕地仅1:15亩,仅及全国人均耕地水平的67%,接近联合国粮农组织确定的人均耕地警戒线。因此库区农业生态模式选择,应是在充分挖掘土地资源的基础上,走以生物技术为主的内涵式资源利用之路。

（3）市场导向原则

发展可持续农业要遵循市场规律，以市场为导向，根据市场需求及时确定调整农业产业结构和产业化发展方向。

（4）发挥区域比较优势的原则

赣南属于我国生物资源富集区之一，可针对市场需求前景，结合区域比较优势，合理配置生产要素，不断提高资源利用水平和配置效率，逐步形成特色产业群，并遵循专业化、规模化、集约化的要求，建成优质、低耗、高效的新型农业结构。根据农业乡镇的自然环境与社会经济条件，按照农业经济的区域分工原则和比较优势原则，因地制宜探索最充分发挥农业乡镇比较优势的多元循环经济模式。按生态类型区加快果、茶、菜、药、烟、花卉、食用菌等基地建设，促进绿色和特色产业的发展，充分发挥赣南的比较优势。

（5）自我修复或重组功能的原则

就农业大系统而言，各个子系统之间，农林牧渔之间是联系紧密，互为依存的，在农业发展上要把农林牧渔放在同等重要地位上，缺一不可。新中国成立后很长一段时期，我国执行和强调以粮为纲的失误从反面证实了这个真理，忽视林牧渔的作用，农业大系统难以为继，物质与能量循环转化过程缺链少环，无法正常有序进行，导致整个生态平衡失调，使国民经济和人民生活蒙受很大的损失。为此，要走复合农业大系统之路。就每一个具体的农业生态工程或实施项目而言，同样必须充分发掘和利用生态系统内部的自我组织、自我修复功能，即充分利用生态系统的自然力，以减少人工的能源和物质投入，最大限度降低物耗和能耗，以获得最大的产出和最大的效益，这就是追求循环型农业的目标。

7.3.3　赣南农业循环经济发展模式设计

根据赣南农业循环经济发展的目标任务要求及其地域特点，设计出农业循环经济发展的具体模式。

（1）以沼气为纽带（猪—沼—粮—酒）的农业循环经济发展模式

该模式是模仿自然生态系统的食物链结构设计的一种资源多层次循环利用的农业发展模式。在该模式中，赣南种植业中的废弃物（如秸秆）以及利用大米酿酒产生的酒糟等可以作猪饲料。之后过腹转化为粪便入池发酵，所产生的沼气可用于农户炊事或照明，也可发电用于农产品加工，从而减少了人们对赣南森林资源的破坏。沼液和沼渣中含有多种植物生长必需的营养物质，可用作肥料等。沼渣可作底肥；沼液直接用于叶面施肥，既能增加作物产量又可以提高品质，增强植物的抗逆性。沼液用作猪饲料添加剂，可以使猪提前出栏、肉质提高；

沼肥能改良土壤,增加土壤的团粒结构,增强土壤的保水、保肥、保温能力和通透性,同时改善土壤的微生态环境。使用沼肥可生产出无公害的优质水稻,由此稻米酿出的酒质量高,市场价格也高,从而提高了农民的收入。同时,使用沼肥减少化肥和农药的施用量,不但使农产品成为无公害的绿色食品和有机食品,而且减少了赣南农业面源污染,改善了赣南生态环境。以沼气为纽带的"猪—沼—粮—酒"农业生态模式,实现了资源的合理循环利用,为赣南农业资源增效、农民增收和生态环境保护做出贡献。另外,还可以以沼气技术作为能源纽带和突破口,发展猪—沼—果,猪—沼—鱼,猪—沼—蔬菜多种农业模式,以清洁家园、清洁水源、清洁生产为目标,以农业资源的高效、循环利用为核心,以技术集成应用和机制创新为手段,加大农村沼气工程的实施力度,把农村沼气建设与改厨、改厕、改栏、改水、改路相结合,把农村的"三废"(稻秆、粪便、垃圾)变成"三料"(燃料、饲料、肥料),达到三净(家居净、庭院净、饮水净),解决人畜粪便的处理问题,促使农村厨房变得明亮、厕所变得清洁、村镇变得整洁,从而促进农业循环经济发展。

(2)山地立体复合型发展模式

该模式充分利用各种生态条件形成一个良好的生态环境,从而建立一个空间上多层次、时间上多序列的产业结构,提高资源的利用率和生物产品的产出,获得较高的经济效益和生态效益。一是根据地势起伏大和气候垂直分布明显的特征,按不同地貌部位的环境特点进行合理布局:在海拔高的山丘顶部发展人工改良草场;在山地丘陵上部发展以水保林为主的水源涵养林;在山地丘陵中部缓丘地段以发展适生经济林为主,若山地丘陵中部比较陡峻则应发展以用材林和薪炭林为主的固土林;山丘的下部及农田四周应以发展经济林为主,适度兼顾用材林的发展,从而形成立体开发利用格局。二是通过乔、灌、草的合理配置,使植被系统形成多层结构,以充分利用空间及丰富的光热资源,促使赣南脆弱的山区生态系统向良性方向发展。另外,还可以充分利用高秆作物留出的多余空间,实施间作套种,发展立体种植,提高农业的生产效率。

(3)"种、养、加、销"区域产业循环型经济模式

赣南很多地区具有地域资源优势。特色果蔬、中药材资源丰富,如脐橙、柚子、柑橘、板栗、猕猴桃、榨菜、苦荞、黄连、银杏、杜仲、黄柏、天麻等。在此基础上,赣南各区县根据自身的特色,依托一批农副产品加工龙头企业,形成了较为齐全的农产品加工生产体系,以达到最优化利用资源,扩大规模效应,更好地实现循环经济的共生要求。以京九线为轴心,构筑"二带三区":覆盖定南、龙南、信丰、南康、章贡、赣县、兴国的外销生猪带;以大余、南康、章贡、瑞金为主的花卉产业带;以龙南、全南、安远、宁都、上犹、赣县、章贡为主的商品蔬菜优势产区;以

石城、信丰、兴国、瑞金、赣县、会昌、宁都、全南八县为主的烟叶优势产区；以瑞金、石城、于都、赣县为主的特种水产优势产区。每个产业带或区重点扶持1—2个拳头产品，2—3个行业协会或专业合作经济组织，建设培育3—4个市场前景看好、经济效益明显、带动力强的龙头企业。

(4)家庭生态农业园发展模式

生态农业园模式是利用农业产业模块之间的链接关系来实现能量与物质的循环利用。生态农业园模式是按照生态规律发展起来的一种新型农业。它运用现代科学技术和管理方法，把种植业和林业、牧业、渔业以及相关加工业有机结合起来，在它们之间建立相互促进和利用、协调发展的关系，不仅实现农产品生产的优质、高效、低耗，而且充分发挥农业的生态功能和综合效益。这是循环经济中的农业发展方向和趋势。从赣南地区的客观条件来看，有的地方可以建设大型生态农业园，有许多地方以家庭为基本单位建立中小型生态农业园比较可行。目前至少有三种形式的家庭生态农业园模式可以在赣南推行。

①以鱼塘为中心的家庭生态农业园。例如，农户建设花基鱼塘、菜基鱼塘、果基鱼塘。鱼塘养鱼，定期挖出塘泥用于养花，种植蔬菜和水果，鱼、花卉和蔬菜销往市场。从外面购进部分鱼饲料和其他必需品，实现资源综合利用和循环利用，生态效益和经济效益都很显著，有的生态农业园每平方米的年收入上千元。

②以山林为中心的家庭生态农业园。这种模式在山区比较适用。例如，一些农户承包荒山，种植水果，果树既绿化了荒山，也带来了可观的经济收益；同时在山上放养山鸡等家禽，或者养殖其他产肉动物，使土地和一些生物资源得到综合利用，其中部分资源得到循环利用。有的山区注意发挥当地的生态优势，营造速生经济林，以此为原料生产纤维板和其他木制品，种植竹笋、蘑菇和其他具有地方特色的经济作物，加工出口。这些做法符合循环经济原则，初步实现了农业资源的综合利用和循环利用，使经济效益和生态效益相统一。

③种养业和沼气池相结合的家庭生态农业园。广大农村在传统的线型经济和社会活动中产生的各种废弃物和污染源，按照循环经济的原理，将废弃物和污染源化害为利、变废为宝。例如，在一定面积的土地上种植农作物，同时建立家畜养殖场和沼气池；农作物秸秆和家畜排泄物进入沼气池产生沼气，向农户提供生活能源；沼气池的出料口通向农田或建设蔬菜棚，有机物经过发酵成为高效肥料。在这种模式中，农作物的果实、秸秆和家畜排泄物都得到循环利用，输出各种优质农产品，还提供清洁能源，综合效益非常可观。有个县原来经济比较落后，通过引导农民建设这种模式的家庭生态农业园，经济得到迅速发展，农民收入大幅度增加，被称为富裕生态农业园。

(5)可再生能源与生物潜能开发应用模式

太阳能是植物光合作用的重要基础,也为农业生产和生活提供重要的能源。它是可再生能源,从某种意义上说,取之不尽,用之不竭。太阳能代替传统能源,可以减少其他能源使用量,同时,太阳能是一种清洁能源,其使用没有任何残留物质,不会对大气和水体造成污染。提高太阳能的利用率,提高植物光合作用的潜能,可以显著提高农作物与其他植物产量,提高能源供应总量。据报道,目前植物的光能利用效率只有 3% 左右。有科学家估计,如植物的光能利用效率提高一个百分点,仅用全球 1/10 的耕地就可以提供现在所需的能源燃料。立体种植养殖也是一种能量综合利用模式。通过立体种植技术,大大提高单位面积太阳能的利用效率。动植物和微生物的遗传改良、农业生态系的优化、有害生物生态系的调控等都将极大地调动生物体及其系统的生物潜能,是农业循环经济的重要内容。

08 案例研究——浙江宁海农业循环经济发展园区模式的调研

　　农业循环经济发展模式从企业内部的小循环着手,逐步深入,发展农业示范园区循环经济,使农业循环经济突破农业本身的界限,把第二产业和第三产业链接起来,实现全区整体的循环健康发展,这是中国农业循环经济发展的必由之路。本章将以浙江省宁海农业循环经济园区为例,研究该类循环模式内部运行机制,并为完善循环经济提供一定的参考。

8.1　宁海农业基本概况

　　宁海是宁波市属县,位于中国大陆海岸线中段,浙江省东部沿海,是国务院批准的第一批沿海对外开放地区之一。全县人口58.9万,下辖18个镇乡(街道)。宁海县总面积1880平方公里,海岸线176公里,其中陆地面积1605平方公里,海域面积275平方公里。拥有耕地34.7万亩,林地162万亩,素有"七山二地一分田"之称。森林覆盖率达62.5%,绿化程度为35.0%,森林储积量达234万立方米。

　　宁海属亚热带季风性湿润气候区,常年以东南风为主,气候温暖湿润,四季分明,日照充足,雨水充沛,年平均气温15.3−17℃,年日照1900小时左右,平均相对湿度78%,年平均降水量1000−1600毫米,无霜期230天。宁海农业资源丰富,是国家级及省级粮食、茶叶、柑橘、蛋鸭、水产等农副产品生产基地。目前已形成浙江东海岸农业循环经济示范区、三门湾生态循环型海水养殖基地、西部岔路山区农业循环经济区等五个农业循环经济基地。拥有茶叶、竹笋、柑橘、枇杷、虾蟹、贝类、鱼类、土鸡、山羊、高山蔬菜等十大主导产品。望海茶、宁海白枇杷、泉丰西瓜、宁海土鸡等十余类产品分别获得国家和省市名牌或优质农产品称号,旗门青蟹通过国家级有机认证,大佳何对虾泥蚶、西店牡蛎、长街泥螺以及大黄鱼、鲈鱼等水产品已成为国家级著名商标,并出口国外。

2000 年起,宁海县开始建设省级农业循环经济示范园区,十年来的探索取得了丰硕的成果,摸索出了多种农业循环经济的发展模式。为了研究的方便和重点得到突出,本文研究集中在效果最为显著的宁海东海农业循环经济发展园区。

8.2 宁海县农业循环经济发展模式分析

8.2.1 宁海东海农业循环经济发展园区的现状

宁海东海农业循环经济发展园区地处该县东部长街、力洋、茶院和胡陈等镇乡,面积达十万亩,是发展该县农业循环经济的核心区域。该园区的规划建设始于 2003 年,规划明确要形成一、二、三产业联动,工农业协调发展的新模式。主要建设项目是十万头生猪综合生态养殖产业链、万亩无公害西瓜种植产业链、万亩无公害蔬菜产业链、万亩有机早橘种植产业链、千头奶牛养殖产业链、万亩无公害稻米产业链和千亩沿海防护林种植产业链。通过七大产业的发展,使园区内 60% 以上农产品通过优质加工达到转化,60% 以上农产品出口创汇,80% 以上土地通过经营权流转集中到经济合作组织或经营大户等主体,90% 以上的农作物废弃物有效转化利用,50% 以上耕地推行节水喷滴灌,从而在园区内逐步完善生态型"种养饲加"一体化的生产模式。为实现这一目标,该县多年来持续加大投资,2007 年投资 3051 万元,2008 年资金投入 6950 万元。到目前为止,优质米、西瓜、订单蔬菜、水产、土鸡、生猪、奶牛等一批种养基地初具规模。一些现代农业循环技术也大量被运用于农业生产过程中。全县秸秆通过直接还田和用作奶牛饲料,综合利用率为 99.7%;化肥使用强度下降到每公顷 221 公斤,比 2005 年下降 18%;农用薄膜回收率 98.2%。同时,引进以色列精滴灌技术,建成节水灌溉面积 1.8 万亩,设施栽培面积 1.6 万亩。目前,示范区域内农林牧渔产业门类齐全,初步形成了规模化、标准化、生态化生产,产业内部和产业之间呈现良性循环的态势。此外,示范区内已认证有机食品、绿色食品、无公害农产品 20 个。其中有机食品 1 个,认证面积 400 亩;绿色食品 4 个,认证面积 5200 亩;无公害农产品 15 个,认证面积 8.2 万亩。示范区内无公害农产品、绿色食品和有机食品的总量、产值比重均占整个示范区的四分之一,创立了宁海生态农业品牌。示范区内土地亩均收入超过 5000 元。相比以往传统的作业方式,一年亩均纯收入还不到 300 元，收益高出了十多倍。

8.2.2 宁海东海农业循环经济发展园区的三级循环模式

宁海东海农业循环经济示范区分为三级循环：一是点循环，即企业内部循环；二是线循环，即产业内部企业链循环；三是面循环，即跨产业实现整个示范区域循环。这是宁海循环农业的特色所在。

1. 企业内部循环模式——点循环

在发展农业循环经济的过程中，宁海县有目标、有选择地扶持、发展与农业循环经济相关的行业性多家龙头企业，使其不仅具有示范带头作用，还成为循环链的一个重要环节，从而推动现代农业的发展。以利丰牧业有限公司为例。该公司现有奶牛场占地 108 亩，存栏奶牛 1000 多头，公司按照农业循环经济的理念和干湿分离的原则，对干粪便和尿液进行整治和综合利用：投资 150 万元建造粪便半成品加工车间 2600 平方米，年生产半成品有机肥料 3000 多吨；投资 30 多万元建造 200 立方米沼气化处理系统，将沼气作为燃气，而沼液和沼渣供农产品基地和畜牧基地作为肥料，基地生产的农作物秸秆 10000 多吨成为奶牛的青饲料，从而实现零排放（见图 8-1）。由此，农民获得饲料款每年达 200 多万元，还解决了 30 多名劳动力的就业。

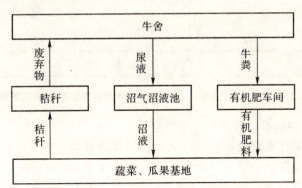

图 8-1 宁海县利丰牧业有限公司循环经济模式

2. 产业内企业链循环——线循环

宁海浙江东海农业循环经济示范园区的核心区青珠农场，现有金龙浦有限责任公司、海联畜牧有限责任公司、绿港牧业有限责任公司、绿丰有限责任公司、东顺有限责任公司、三禾秸秆有限责任公司、永丰园林有限责任公司等多家农业龙头企业和 12 个专业合作社，它们形成了比较完善的循环农业体系。绿丰有限责任公司利用牧场的干粪生产各种有机复混肥,针对农户和农产品企业的土壤特点,配置个性化的高效有机肥;三禾秸秆有限责任公司收购周边农产品基地的秸秆,处理成有机肥加工辅料、食用菌培养料和粗饲料;金龙浦有限责任公司和海联畜牧有限责任公司合作将沼液引到瓜果示范基地作为肥水滴灌;东顺牧场和海联畜牧将沼气无偿提供给周边居民生活使用;绿港牧业启动沼气发电工程,把电力提供给各家农场和周边农民使用。在此过程中,节水、节种、节肥、节药等无公害生产技术得到了广泛利用(见图8-2)。

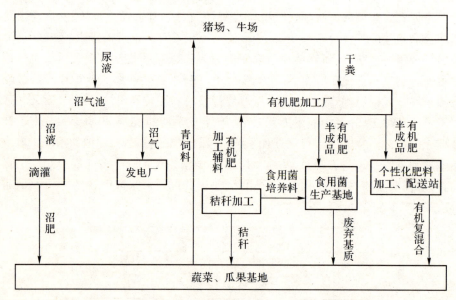

图 8-2 宁海县浙江东海岸农业循环经济示范园区核心区循环模式

3. 跨产业循环——面循环

随着宁海浙江东海农业循环经济示范园区建设的不断推进,三大产业的循环模式雏形开始形成。第一产业的种植业建设的优质粮食基地和优质瓜果蔬菜基地为示范区里的 20 万头猪、2 万头奶牛、1 万头肉牛、数十万元的鸡鸭规模的畜牧业和近 2 亿元规模水产业的鱼、虾、蟹、贝、藻基地提供菜叶、秸秆和加工青饲料;宁海有粮食加工厂、果业蔬菜加工厂、苗木加工厂和水产品加工厂20余家,为示范区第一产业的产品提供加工,加工后的废物连同第一产业中的废弃物进入静脉产业,即通过沼气工程、生态有机肥生产和农膜生产为种植业和畜牧业提供能源和原料。与此同时,第三产业得到了提升和发展,加工后的有机蔬菜、果物、畜牧产品和水产品通过第三方物流源源不断运往省内外城市,部分农产品被运往日本、中国香港地区和东南亚各国和地区,宁海农业物流业得到了快速发展。宁海浙江东海农业循环经济示范园区也已经成为宁波周边地区的主要农家乐旅游基地,每年游客数以万计。围绕农业循环经济发展的教育培训同样得到了推进。近五年来,当地教育机构为园区提供了农业企业管理,包括沼气建设和管理、新品育种、沼气发电、有机蔬菜种植、有机海产品养殖、畜产品加工、蔬菜加工等一系列农业科技知识的培训,培养人数达到1万人次以上,在为园区基地建设培训了大批人才的同时,教育产业得到了发展。更为重要的是,园区为农业循环经济的可持续发展找到了一条途径。由于有机农产品产量较低,成本又较普通农产品高,市场售价通常是普通农产品的2至3倍,有机农产品的销售往往成为产业发展的瓶颈。示范园区通过与省内外著名品牌餐饮企业签订合同,为这些餐饮企业源源不断提供高质量的绿色农产品,同时又为餐饮企业提供了质量保证,有利于餐饮企业的品牌建设。另外,信息产业、科技服务、会展业等都得到一定程度的发展,这些产业为农业循环经济提供了保障和支持,同时又从农业的发展中得到了资金和其他的营养,从而实现了第一、第二和第三产业的大循环发展(见图8-3)。

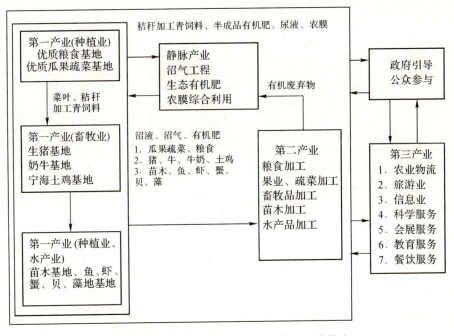

图8-3 宁海县浙江东海岸农业大循环经济模式

8.3 宁海东海农业循环经济发展园区三级循环模式的效应分析

宁海东海农业循环经济发展园区通过构建畜禽粪便加工还田、沼气工程、秸秆过腹、减量使用化肥和农药、推广生物防治、水产养殖内循环、清理白色污染和农产品加工等循环体系,实施区域示范。通过发展农业循环经济,把畜牧业与种植业、农产品加工业相联结,同时又把第三产业带动起来。"种养饲加"循环产业链环环相扣。具体有 4 种模式:"猪—沼(肥)—瓜果菜"模式,以农业合作社为龙头,大力发展绿色有机农业,推行标准化生产,创办节水、节肥、节药高效生态农业基地;"农业废弃物—奶牛养殖—有机肥加工—农作物"模式,以奶牛等食草动物养殖业,带动农作物秸秆的综合利用;"畜牧养殖—粪(肥)—有机复混肥—瓜果菜"模式,以生态有机肥公司带动全面实施畜禽环境治理,提高畜禽排泄物的资源化利用;"鱼虾—贝藻"等资源循环利用模式,全面推行海水内循环鱼虾清洁生产。通过三级循环,经济效应十分明显:

首先,自然环境得到了有效保护。牧场的畜粪化为有机复混肥,不仅有效地解决了重点牧场的猪粪出路,减少了污染,也为全县大力推广无公害生态生产技术,提供了丰富的有机肥料。10 万亩农业循环经济示范区绿色农产品基地产生的废菜叶、玉米秆、稻秆、黄豆秆等七成以上成为奶牛的饲料,既净化了土壤,又消除了秸秆焚烧带来的空气污染。2004 年测评的地表水环境质量(以流经园区内颜公河水为依据)环境较差,断面水质为劣 V 类,总磷、总氮等主要指标均大幅度超标。2009 年 6 月的测评结果是:已达到二类标准,水环境质量明显得到提高。与此同时,海洋生态实现了良性循环,近岸海域环境污染和生态破坏加剧的趋势得到初步控制。

其次,农民收入大大提高。农民按照市场机制进行土地经营权流转,形成较大区域范围内的土地适度规模经营。目前,东海岸农业循环经济示范区土地流转面积 8.6 万亩,占园区土地总面积的 78%,优势产业基地 85% 以上是通过土地流转建成的,区内已形成 1000 亩以上农场 9 个,500 亩以上农场 13 个,100 亩以上经营大户 39 户。在示范区内,通过农业综合开发和农田整理项目的带动,园区内大片土地得以平整,沟渠路电等设施得以配套。现在,园区内土地租金从原来的每亩 250 元左右提高到 500 元,最高为 800 元,流转总额有 4000 多万元,这大大增加了农民的土地租金收入。而一些从土地中走出来的劳动力到园区内的企业和农场打工,一天可拿到 50 元左右的工资。仅此一项,可为农户每年增加 4000 多万元的收入。此外,27 家县级龙头企业完成实现销售 13.2 亿元,联结农户 6.87 万户,各类农民专业合作组织 121 家,由此带动了农民创收。仅长街镇的伍山、下湾塘、月兰、浦东等 300 多户人家,2009 年人均一年可增加收入 2800 多元。

第三,产品质量得到提高和保证。经过几年的建设,宁海农业循环经济示范区农林牧渔产业门类齐全,初步形成了规模化、标准化、生态化生产,产业内部和产业之间呈现良性循环的态势。示范区内优质米、西瓜、订单蔬菜、水产、土鸡、生猪、奶牛等一批养殖基地初具规模,一些现代农业循环技术也大量被运用于农业生产过程中。示范区内已认证有机食品、绿色食品、无公害农产品 20 个。其中,有机食品 1 个,认证面积 400 亩;绿色食品 4 个,认证面积 5200 亩;无公害农产品 15 个,认证面积 8.2 万亩。经过处理的畜禽粪便沼液根据作物种类与生长需要,进行远程可控自动化合理搭配、科学施肥,为基地里的西瓜、甜玉米、甜瓜等作物提供了大量的有机肥料,也极大地提升了农产品质量。该合作社生产的"冰淇淋西瓜"每只卖出了 100 元的高价,比普通西瓜高出 5 至 10 倍。

第四,资源利用效率明显提高。随着宁海循环经济示范工程建设的推进,建成了一批循环经济示范园区、示范项目、示范企业和示范社区,建设一批以基础设施为核心的硬件支撑体系,建立完善以技术、政策、文化等为核心的软件支撑系统,具有宁海特色的循环经济支撑体系基本形成。到 2009 年末,宁海县全社会万元生产总值综合能耗比 2006 年末下降 20% 左右,单位工业增加值用水量降低 15%。资源再生利用率达到 95%,工业固体废弃物综合利用率达到 90%;耕地保有量达到 46 万亩,土地投资强度和单位产出率均提高 30% 以上。此外,秸秆综合利用率达 100%,农膜回收利用率达 90%,规模化畜禽养殖场粪便综合利用率达 95% 以上。化肥施用强度下降到 250 公斤/公顷,化学农药使用强度下降到了 15—10 公斤/公顷。

第五,当地民众的循环经济意识得到了提高。循环经济支撑体系健全,以绿色消费为特征的循环型社会初步建成。通过宣传教育、开展绿色创建活动,宁海县范围内建成了一批绿色学校、绿色医院、绿色社区(村庄)、绿色市场、绿色宾馆饭店;循环经济知识逐渐普及,民众资源节约和环境保护意识明显增强。在此基础上,宁海循环经济保障体系日趋完善,三大保障体系逐渐形成,即以地方党委、政府为核心,社会成员分工明确、科学管理、运行顺畅的组织领导体系;以法律为依据,财政、税收、投资、价格为杠杆的引导激励体系;以科学发展观为理念,职责任务分解为手段的统计评价体系。

09 中国农业循环经济发展模式的支撑体系：运行机制及制度设计

　　农业循环经济是一种新型的、先进的农业经济形态，是经济、技术、社会、资源、环境相互作用的系统工程，仅仅依靠单个部门或单项技术是难以实施的。要保证中国农业循环经济发展模式从企业内部的小循环，通过循环经济示范园区建设，最终实现整个社会的大循环，就必须建立科学的发展机制，形成发展农业循环经济的持续推动力（严志业、刘建成，2005）。本章在考察我国农业循环经济发展运行体系的基础上，构建农业循环经济发展模式的运行机制，并讨论我国农业循环经济发展的制度设计问题。

9.1　中国农业循环经济发展模式的运行体系

　　农业循环经济发展模式的全面发展，必须探索其相应的实现机制。推动农业循环经济发展的动力来自各个方面，包括经济利益、社会需求、技术力量、政府的引导和激励、法律保障、舆论监督和生态环境补偿等等多方面的支持（如图 9-1）。这些机制彼此之间不是相互孤立，单独发挥作用的。相反，它们彼此之间相互依存，紧密联系。只有通过协调，使各种机制互相配合，共同发挥作用时，它们对资源循环利用的推动和促进作用才能得到最大程度的发挥。

9.2　中国农业循环经济发展模式的运行机制构建

　　发展农业循环经济模式是我国农业实施可持续发展战略的必然选择，因此需要从内部和外部两个方面构建完善的运行机制。内部机制包括经营机制、融资机制、技术机制、规划机制和评价机制。外部机制

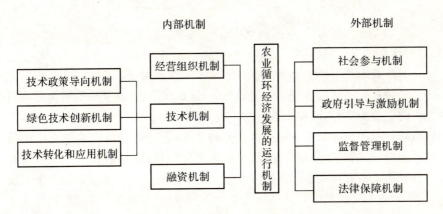

图 9-1　农业循环经济发展运行体系

包括社会参与机制，政府引导和激励机制，监督管理机制和法律保障机制，从各方面对农业循环经济发展予以支持，促进现代农业向农业循环经济转型。

9.2.1　技术支持机制

内部运行机制中最为重要的是技术机制。技术可行性是农业循环经济发展的基础。农业循环经济发展的技术和工艺水平的创新，自然资源的替代品的开发等等都需要通过科技进步来实现。熊彼特的技术创新理论认为，技术创新是通过对生产要素、生产条件和生产的组织进行重新组合，以建立效能更高的生产体系，其目的是获得更大的利润。这种以追求高速经济增长和实现利润最大化为根本目标的技术创新，对人类的发展具有正负两方面的效应。其正面的效应是推动了经济增长，使财富快速积聚，极大地改善了人类生存、生活的条件，推动了社会的进步和发展；其负面效应是造成贫富差距的加大，资源枯竭的加速，环境质量的恶化，生态平衡的破坏等等，严重地危及人类的持续发展。[1] 传统的技术创新机制存在重大缺陷，就是无法调控技术创新行为的负面效应和引导消除或减少这些负面效应的途径。显然，从可持续发展的角度，对技术创新与可持续发展的冲突进行深入的研究，建立新的农业循环经济发展的技术支持机制，有助于我国技术政策的调整。

由于农业循环经济发展涉及的因素较为复杂繁琐，因此，对技术进步作用的机理和作用程度都有较高的要求（杨春平，2005）。从宏观上来说，农业循环经济

---

① 李文华主编：《生态农业——中国可持续农业的理论与实践》，化学工业出版社 2003 年版。

发展的技术创新机制包括三个方面,即技术政策导向机制、绿色技术创新机制以及技术转化和应用机制。

(1)技术政策导向机制

并非所有的技术进步都有利于农业循环经济的发展。技术政策的主要作用就在于引导农业循环经济技术的发展方向,明确政府、企业和科研机构等不同技术主体的责任和义务,确保先进技术的推广和应用。以市场机制为基础的技术创新机制必须满足创新者一定利益目标的要求,伦理观念对自我约束的作用往往是有限的,特别是在发展中国家,摆脱贫困走向富裕的欲望强烈,技术创新给创新者不能带来直接利益,就没有激励作用,而农业循环经济发展所要求的技术创新,有些是满足创新者利益目标要求的,有些则不能满足。科学的政策导向将起到激励作用。

政府的扶持政策和人们观念的转变是促进农业可持续发展的重要因素,但如果没有现代科学技术做支撑,不把科技创新与传统农业经验相结合,农业循环经济的发展模式只能是空中楼阁。加快农业循环经济的科技进步和创新,是推进农业持续发展的基本动力,也是实现农业现代化的决定性因素。农业循环经济技术支持体系主要包括:遗传工程理论、生命周期理论、农业生态管理理论、农业产业生态链理论,农业清洁生产技术、生态管理技术、培育绿色农产品、有机农产品技术、无性繁殖技术、病虫害防治技术、污染监测防治技术、遥感技术、网络信息技术等。随着农业循环经济的发展,科研人员要坚持"立足农业、面向农村"的方针,不断地实验研究和探索创新。

(2)绿色技术创新机制

企业是否有积极性参与发展农业循环经济,取决于技术水平产生的经济效益的好坏。也就是说,企业参与农业资源循环利用的可能性与企业的技术创新体系和创新能力是密切相关的。要将技术进步转化为资源循环利用的推动力,必须在技术政策的导向下,按照生态学原理和生态经济规律,有选择地发展高新技术,实现高新技术的绿色化和生态化。政府可以出台一些支持绿色技术研发的鼓励政策,对绿色技术研发给予实质性的资助。在传统的技术经济范式体系的基础上进行纵向深化与横向扩展,延长企业技术链条,在此基础上向技术网络的方向横向扩充,从而形成跨行业的农业循环经济发展技术网络。

与此同时,这种绿色创新机制必须依靠新的创新观念的指导。这个新的观念是经济、社会、自然、生态的和谐发展,把人与自然看成平等的地位,把人的活动限定在生态平衡发展的一定限度内,而不是无限度地满足人的需求,新机制要在效率与公平之间找到最佳结合点。技术创新主体的观念转变会自觉地控制技术创新行为，以符合农业循环经济发展的要求。如何把这一新的观念变成资源生产者、消费者的自觉行动呢？从理论上，当生产者和消费者的利益与新的观念结合起来时，换句话说，如果生产者和消费者还沿袭传统的思路和行为模式的话，就将遭淘汰时，新的技术创新观念就一定能够建立起来。

（3）技术转化和应用机制

科技创新转化为现实的生产力，要经过技术的扩散吸收过程，因此，技术的转化与运用也是非常重要的环节。新技术的转化与推广，重点在于对农民进行技术咨询与培训，充分利用各种媒体进行农业循环经济知识的宣传和技术普及，提高广大农民的参与意识。科技人员要深入村镇，将技术带入田间，帮助农民掌握专业知识和生产技术，并且有计划地培养农业技术人员等。在较发达的农业生产区，进行信息化建设，使农民能方便快捷地从农业服务网站上获取各种技术服务信息。

同时，技术转化和应用机制的实现需要政府和社会的有效支持。新机制非常强调政府与社会的作用，因为，农业循环经济发展的利益主体是国家甚至全人类，可持续发展是整体利益和长远利益的体现。因此，政府应当建立高效的绿色技术信息网络和绿色技术推广服务中心，及时提供国外绿色技术创新和扩散的最新动态，使企业对行业领先技术的发展趋势有一个总体的把握，降低企业绿色技术创新的学习成本。企业在进行技术创新时也应当以市场需求为参考，以低成本和易于转化推广为前提，有的放矢，确保高新技术可以得到应用和推广。另外，政府通过战略规划的制定和实施，动员全体人民响应并达成共识，通过为技术创新主体提供信息、政策、公共设施等技术基础服务，引导和帮助创新主体纳入农业循环经济发展的轨道，从而为技术转化和应用机制作用的发挥营造良好的外部条件。

9.2.2 经营组织机制

农业循环经济发展的主体是以各类农业龙头企业带动的千家万户的农民。经营主体与工业和其他行业有着重大的差别，因此其经营机制是农业循环经济发展成功的关键之一。企业内部循环基本可以依赖"公司＋农户"的模式，以资金雄厚、技术先进的公司为龙头，以分散的农户生产为基地，龙头企业直接与市场对接的方式来完成。当然，也可以依赖另一种方式合作经济组织即"合作社＋农户"的方式来构筑循环经济的发展模式。但是这其中涉及农村土地流转和农民股份制安排的问题。所以，农村土地流转机制和包含农户在内的公司股份制改造或创建需要一套成熟的经验来运作。各个企业之间的密切合作可以延长产业链,使生态农业在更大规模上得到循环的良性发展,同一产业间的不同环节的连接,尤其是不同产业间的耦合,如种植业、养殖业与粮食加工、教育、金融、餐饮服务、物流、进出口贸易、信息、旅游、会展等循环对接,是农业循环经济发展的根本保证。产业链越长,农产品加工的深度越深,资源配置的效率越高。因为循环经济产业链属于生态产业链的一种情形,一系列企业相互利用对方的副产品,而不是把它当做废物来处理,因此,对二次资源的再生处理成本不能大于再生利用的收益。循环型产业链合作的基础是存在正利润。所以形成产业链的对接不仅要有市场调节,利益机制的分配还需要组织机制来加以保证。

9.2.3 融资机制

资金无疑是农业循环经济发展的瓶颈之一。农业基础产业投资大,回报慢,且周期长,受自然、技术、市场因素影响大,风险高,历来成为融资最难的产业之一。生态农业经济投资主体单一,要求投资的额度更大,从基础建设、生物农药、有机肥料及农产品的储存、运输和加工,要求都比传统农产品高很多,资金不是个别农户或企业可以完成。而农业科技的投入在我国更是相当滞后,20世纪90年代占农业 GDP 比重的 0.44%,同期美国占 2.2%。建立农业循环经济的资金通道迫在眉睫。加速建设和完善农民自己的金融机构是当前的重要任务。目前农村信用社支持"三农"中存在着诸多的困难:一方面,点多面广的农村信用社有利于贷款支持一家一户为单位的传统农业,发放大额贷款集中支持产业化尤其是支持龙头企业就显得力不从心;另一方面,信贷管理机制不活,支持产业结构调整大额贷款受到严重制约,出现了农业产业化龙头企业资金缺口大、贷款难的困境。因此,农村信用社要结合当地发展和自身实际,认真探索合适的产权制度和组织形式,完善管理体制,把信用社真正办成由农民、农村工商户和各类经济组织入股,实行民主管理、科学决策、自主经营、自我约束、自我发展、自担风险,为农户生产经营和农村中小企业发展提供服务的社区性金融机构。使得资金需求量最大的龙头企业不再游离于支农再贷款的政策框架之外,从而避免农业经济产业化循环发展中各主体间的紧密联接机制。

9.2.4 社会参与机制

发展农业循环经济模式,离不开政府、农业生产者和公众的积极参与,共同努力。明确三者在发展农业循环经济中的责任和义务,形成三者互动的参与机制,这是十分重要的。

（1）规范政府的参与职责

在我国，发展农业循环经济必须以政府为主导，政府各个部门必须转变发展观念，摒弃传统的发展思维和发展模式，政府有责任和义务建立和完善一整套管理体制和制度，搞好规划，引导、激励农业生产者和社会共同推动农业循环经济的发展；政府各个部门应彼此协调合作，综合运用法律的、经济的、行政的手段，促使农业生产者节约资源、减少污染，实行清洁生产。

（2）明确农业生产者的参与职责

农业生产者是农业循环经济的主体，农业循环经济能否发展，关键在于他们。在市场经济条件下，为追求利益最大化，很多农业生产者不愿意清洁生产，结果造成了严重的资源浪费和环境污染。因此，政府各部门必须通过多种手段，调节农业生产者的行为，使他们意识到发展循环经济是他们义不容辞的社会责任。同时，政府各部门要加大对农业生产者宣传教育力度，使他们的行为能落到实处。

（3）增强公众的参与责任意识

发展农业循环经济的主战场在农村，只有让广大公众（特别是农民群众）明白其科学道理和经济效益，才能提高他们参与的积极性。各地区、各有关部门要组织开展形式多样的宣传教育活动，如举办专题讲座、经验交流会、成果展示会和印发宣传品等，运用广播、电视、报纸杂志、互联网等手段进行广泛宣传，普及农业循环经济知识，定期发布有关发展农业循环经济方面的信息，使广大公众享有知情权。通过参与，增强全社会的资源忧患意识和环境责任意识，使公众能把环境意识上升到民族意识、生存意识和可持续发展意识的高度，逐步形成节约资源和保护环境的生产方式和消费方式，从而使发展农业循环经济理念深入人心，变成公众的自觉行为。

9.2.5 政府引导和激励机制

制度经济学家诺思认为："政府既是经济增长的关键，也是导致经济衰退的根源"[①]。由于发展农业循环经济涉及面广，公益性强，影响深远，从观念到习惯和行为，从生产到消费，从企业到个人，都和农业循环经济紧密联系在一起，因此交易成本很高。通过政府介入可以显著降低这种交易费用，从而促进农业循环经济发展。这就是农业循环经济发展的政府引导和激励机制。鉴于此，笔者认为，政府对消费总量和消费水平依据资源、环境、经济发展水平等情况，适度地进

---

① 诺思：《经济史中的结构与变迁》，上海三联书店 2003 年版。

行引导和激励是实现农业循环经济发展的重要途径(杨明轩,2002)。

政府引导机制的培育可从以下四个方面入手。第一,强化宏观政策的引导。国家有关部门在编制总体规划和各类专项规划时,应把发展农业循环经济放在突出位置,使社会对农业循环经济有更加具体和明确的了解。第二,把宣传教育工作与普及农业循环经济的知识结合起来,引导全社会正确认识整体与局部的利益关系。政府应当充分利用多种媒体渠道,通过舆论、宣传、教育等各种形式,使农民充分认识环境污染和生态破坏对个人和社会的危害,自觉把农业循环经济发展贯彻到实际行动当中。第三,引导农业龙头企业发展农业循环经济。我国地域辽阔,生产条件差异大,区域经济发展不平衡,在同一水平线上发展农业循环经济是不现实的。因此,可以先推行试点重点建设,如建立农业循环经济生态园区,配备完善的政策保障、资金投入、理论指导及技术支持,着重发展,分区规划,并不断进行调整和改进,以点带面,逐渐辐射周边地区的发展,最终形成具有区域特色的农业循环经济生产区(史小红,2007)。第四,加强社会化服务体系。农业可持续发展不仅需要运用综合的农业配套技术措施,且需要强有力的农业技术和社会化服务体系的支撑。为此,需要健全机构,充实素质较高的技术和管理人员,延伸服务链和服务内容,尤须加强产品的收购、贮藏、加工、运输、销售各环节,全方位、全过程保障农业的可持续发展。

从激励机制来看,科技政策方面,围绕技术进步与科技成果转化,建立激励机制,引导科技人员积极进行农业技术创新,合理规划,逐步攻克技术难关。资金投入政策方面,加大科技资金投入,对循环经济的技术研究予以专款支持,并且在政府投入的基础上,推进农业项目的社会资金投融资体制,强化农业循环经济产业政策的资金引导功能,明确重点投资领域,加强配套服务措施,提高生态农业货币资本运营效率。政府要结合投资体制改革,调整和落实投资政策,加大对农业循环经济发展的资金支持。要把发展农业循环经济作为政府投资的重点领域之一,对一些重大项目进行直接投资或资金补助、贷款贴息的支持,以解决农业生产者资金不足的难题。土地政策方面,继续执行现有的国家土地政策,增强农民的积极性和责任心,引导农民接受农业科技创新,降低生产成本,使农业循环经济的发展获得农民的欢迎和支持。通过政策调整,使发展农业循环经济有利可图,使农业生产者对环境保护的外部效益内部化,按照"污染者付费、利用者补偿、开发者保护、破坏者维修"的原则,大力推进生态环境的有偿使用制度。

9.2.6 监督管理机制

农业循环经济是一种新型的、先进的农业经济形态,是集资源、环境、经济、技术和社会于一体的系统工程。因此，单靠某一部门、单项技术是难以实施的，需要建立健全监督管理机制，逐步形成发展农业循环经济的持续推动力。

政府要监督企业、农户，舆论和公众要监督政府及其官员，尤其要加强对执法部门的监督。由于政府和企业、农户之间、政府和公众之间不可避免地存在着信息不对称，使监督主体不能充分掌握客体的相关信息，给监督工作造成了困难。政府可以通过法律手段明确规定企业、农户应该披露的信息，并完善相应的评价指标体系，制定切实可行的监督策略（诸大建，2000）。政府也应当及时公布相关信息，配合公众监督。公众之间难以互相监督的地方，需要政府加强教育，发挥引导机制的作用，改变和规范人们的不良生活习惯，引导消费者树立正确的消费理念和资源环境观。

要从法律上确定推行农业循环经济发展的资金来源渠道，明确各级政府的投入力度，包括农业循环经济发展的资金投入占财政支出的比率和增长率。把农业循环经济发展程度作为考核地方领导政绩的一项指标。对滥用农业资源的行为要加大惩罚力度，对违法者处以高额的经济处罚和法律处罚，对政府的决策者还应给予相应的行政处罚，使违约者的违约成本大于违约收益，从而迫使其放弃违约。对于资源节约、循环利用农业资源、减少或杜绝污染来说，建立能够激励其主体主动节约农业资源、减少污染或者能够从经济利益上严格约束相应主体的实施机制可以起到事半功倍的效果。

另外，政府要根据农业可持续发展战略要求，加快编制农业循环经济发展规划，把建立与完善农业循环经济管理体系，推行农业清洁生产，开展农业废弃物减量化、资源化、无害化和产业化，发展无公害、绿色和有机食品生产为重点。将农业循环经济发展规划目标与政府政绩考核相结合，推动农业循环经济的发展。

9.2.7　法律保障机制

与传统的粗放型经济增长模式相比，农业循环经济发展模式是一种全新的经济增长和发展模式。要完成这样一个巨大的变革，中国现有的《清洁生产法》、《节约能源法》和一些微观层面零散的法律法规等根本不能满足需要。

借鉴西方国家等发展农业循环经济的先进思想和成功经验，加快制定适合我国农业循环经济的规章制度和相关经济政策等，保证农业循环经济的健康发展。首先，要做好农业循环经济发展试点的调研工作，在总结经验教训的基础上改进相关的法规和条例，使各种规章和条令由地方性立法向全国性立法发展。[①]

---

① 冯之浚：《循环经济与立法研究》，《中国软科学》2006年第1期。

其次,通过立法确立农业循环经济发展的一系列标准,建立完整的农业循环经济发展指标体系。再则,通过法律法规条例明确国家、企业、公众及非政府组织的责任和义务(叶峻,2001)。

此外,由于我国目前在立法方面还存在着较多空白,法律体系的不严密性使得执法者在实际操作中有较大的裁量权,造成了大量"有法不依,执法不严"的现象。"徒法不足以自行",完备的法律还需要适当的执法方式来实现。因此构建行之有效的执法机制尤为重要。在推进农业循环经济发展过程中,执法方式也应该更加民主、平和,更多地采取鼓励和引导的方式,建立以非权力行政行为为主、权力行政行为为辅的执法机制。

9.3　中国农业循环经济发展模式的制度设计

要加快农业循环经济的发展,推进农业循环经济典型模式在全国的推广,必须建立相应的运行机制。而要这些机制得到有效运行,就必须要有制度作保障。为了实现人类社会的可持续发展,农业循环经济发展的理念应该成为社会的核心理念贯彻到社会生活的各个方面。但如何把这种理念贯彻到实际的经济社会运行中去,使分散的经济主体的经济行为在市场机制的作用下促成社会目标的实现呢?我们知道,个人行为的最优或者有效率,并非一定能促成社会的最优或效率的实现。农业循环经济发展不仅是一种经济运行范式的革命,也是对价值标准和经济效率定义的革命。因此,为了社会的整体利益,需要建立一个能够体现这种要求的新的制度体系来引导和规范经济行为。这种制度体系既包括正式的制度如正式的法律法规和政策,也包括非正式的制度如行业规范、道德准则、价值观等(杨聪,2004)。由于新的制度体系是基于对人与自然之间关系的协调而对人的行为进行规范,这种制度体系显然应该比现有的制度体系更加复杂和精细。

9.3.1　农业循环经济发展模式的经济政策调控制度设计

根据西方经济学基本原理,良好的市场机制是农业循环经济发展的有效机制之一。即在市场机制条件下,激励性与制约性经济制度安排有利于推进农业循环经济事业的健康发展。前者可以大大鼓励那些率先实行低消耗、低污染的经济活动,后者可以迫使经济主体不得不放弃传统的高消耗、高污染的经济行为。

(1)建立农业循环经济运行规范制度

农业循环经济发展制度指以价格为杠杆,激活工业经济生产、流通、消费领域中的资源市场,为从循环经济角度规范和考核经济个体的经济行为创造有益的制度条件。这一制度的建立,为从农业循环经济发展角度规范和考核经济个体的经济行为创造有益的制度环境。农业循环经济发展制度包括清洁生产制度、绿色消费制度、绿色贸易制度、绿色营销制度、绿色包装制度、绿色标志制度等(陈洁,2004)。这些制度的健全与实施,必然使资源在生产、交换、分配、消费经济各领域实现循环利用,并对各种农业循环经济发展行为进行有力的约束与规范。

(2)建立农业循环经济投资制度

发展农业循环经济是对传统农业生产的一场改革,这场改革需要一定的前期投资,而改革的效益尤其是环境效益需要较长的时间才能体现,要完成这场变革,必须要通过各种途径来加大资金的投入。一是引导农民或村集体对农业设备、农业新技术进行投资(严少华,2006)。由于农民兑现能力差,现金投入有限,因此可允许农民用劳力转换来代替;二是加大各级政府对农业的财政投入。我省大部分地区尤其是较贫困地区,农业循环经济尚未形成明确的发展规划,因此应加大政府对农村户用沼气工程、秸秆汽化工程以及一些示范项目的财政扶持力度,扩大扶持范围,并对那些积极采用先进农业技术和先进设备发展循环经济的农民进行鼓励和资金补贴;三是吸引农业服务体系、金融机构等对农业的投资。农业循环经济的一个内容就是将农产品加工和农业生产结合起来,因此可通过一些政策、经济上的优惠措施如保证产品销售、贷款贴息等,鼓励吸引加工企业和农业服务企业对农业生产进行预投资。同时鼓励一些金融机构,特别是国家金融机构加大对农民或农办企业的小额贷款。

(3)建立经济杠杆调控制度

发展农业循环经济是市场经济的客观要求。现代经济学认为,微观经济主体往往只关心本身的利润最大化,而很少关心外部成本或社会成本,产生了社会成本与私人成本不一致的负外部效应,导致市场失灵,需要政府干预,将微观经济主体行为的外部效应内部化。比如征收环境税,一方面可以有效地矫正外部负效应,实现环境保护的政策目标;另一方面可以增加财政收入,有利于财政收入最大化政策目标的实现。

(4)建立并完善循环型绿色消费制度

绿色消费制度的主体应该是政府和公众。

第一,推动农业循环经济发展是政府主体的一项重要任务,其本身的职能和经济活动具有示范性和代表性,且由于政府相关经济活动对社会总体经济影响显著,特别是政府采购活动,必须建立绿色采购制度。所谓政府绿色采购,就是通过政府庞大的采购力量,优先购买对环境影响较少的环境标志产品,促进企业环境行为的改善,推动国家循环经济及其具体措施的落实,同时对社会绿色消费起到巨大的推动和示范作用。具体可通过建立绿色采购标准,发布绿色采购清单,公开绿色采购信息措施来实施(诸大建,2000)。

第二,公众的消费行为是企业生产的重要依据,无人购买的产品是不会有企业愿意生产的。因此培养公众的绿色消费习惯,通过绿色市场需求来引导企业进行资源循环利用,发展生态化产业大有可为。

9.3.2　农业循环经济发展模式的技术支撑制度设计

（1）农业循环经济技术体系制度

紧密围绕农地养护、水体净化、生物质能源、废弃物资源化利用、区域生态保护、农村社区建设等循环农业重点领域,加强纤维素转化利用技术、快速堆肥技术、沼气发酵技术、生物质能源技术、生态修复技术、能源及环境新材料技术等的研发,建立全方位、系统集成的循环农业技术体系。从目前来看,应优先推进的技术包括：

废弃物循环利用技术。农村沼气技术：在北方适宜地区建设"四位一体"能源生态模式；在南方适宜地区建设"猪—沼—果"能源生态模式；在牧区与围栏建设结合,推广"两池(沼气池、青贮池)两灶(太阳灶、省柴节煤灶)两棚(暖圈棚、蔬菜大棚)"模式。以集约化养殖场和养殖小区为重点,建设养殖场沼气工程。秸秆综合利用技术：组织完善秸秆汽化、固化工程标准和规范,引导建立企业化运行管理机制。在有条件的地区发展秸秆生物汽化技术,开展秸秆固化成型的试点示范。加快秸秆饲料开发,着力开展秸秆饲料开发利用的技术研究,推广农作物秸秆青贮、微贮、氨化利用等实用技术,实行秸秆过腹还田,推进秸秆养畜的发展。

乡村清洁工程技术。以自然村为基本单元,建设秸秆、粪便、生活垃圾等有机废弃物处理设施,推进人畜粪便、生活垃圾、污水向肥料、饲料、原料的资源转化,集成配套节肥、节水等实用技术,推广化肥、农药合理使用技术,减少农业生产过程中的环境污染。实现农村家园清洁、水源清洁和田园清洁,从源头防治农业污染。按照国家投入引导、资产集体所有、方式灵活多样和服务专业化、运作市场化、管理物业化的原则,以村为单元,建立物业管理站,由专人收集处理农村生活垃圾、污水、秸秆等废弃物,并负责沼气、垃圾处理、污水净化等设施的运行、维护和服务。

节约型农业技术。推广科学施肥技术,实施有机质提升行动,增施有机肥。大力开展测土配方施肥技术指导与服务,推广测土配方施肥技术,优化配置肥料资源,合理调整施肥结构,提高肥料利用率。科学合理使用高效、低毒、低残留农药和先进施药机械,建立多元化、社会化病虫害防治专业服务组织,实行统一防治、承包防治等措施,大力推广物理防治、生物防治技术,提高综合防治水平。进行病虫抗药性监测与治理,提高防治效果和农药利用率,减少农药用量。在旱作农业区建设集雨补灌设施,推广覆盖集雨种植、水肥一体化、坡地经济植物篱、抗旱坐水种、膜下滴灌等农田节水技术,提高自然降水利用率和利用效率,缓解资源型缺水的紧迫状况和季节性干旱对农业生产的威胁。示范推广以秸秆覆盖还田、免耕或少耕等为主要内容的保护性耕作技术。通过深松少耕、秸秆覆盖、增施有机肥,大幅度地减少地表径流和无效蒸发,增强抗旱节水能力,抑制农田土壤扬尘、农田风蚀和水土流失。利用作物秸秆残茬覆盖地表,推广免耕播种,改翻耕控制杂草为喷洒除草剂或机械表土作业控制杂草。

农村能源开发与节约技术。按照因地制宜、多元发展的原则,采取有力的扶持政策,克服技术和成本等方面的障碍,大力发展适宜不同区域、不同资源禀赋的农村社区、企业和农户使用的风能、水能、太阳能等可再生能源,向农民推广可再生能源技术和产品。组织全国适宜能源作物利用的边际土地资源调查与评价。运用现代生物工程和基因技术,培育高产优质能源作物新品种,筛选新型能源作物,建设专用良种的选育、扩繁、生产基地。坚持不与人争粮、不与粮争地的原则,联合大型能源企业,按照"企业+基地+农户"的模式,利用荒山、荒坡及盐碱地等土地资源,适度发展甜高粱、甘蔗和木薯等能源作物。积极推进农业耕作制度改革,推广节约高效的耕作制度。大力发展节油、节电、节煤的农业机械,推广应用复式联合作业农业机械,提高农业机械作业质量,降低农业机械单位能耗。开展海洋捕捞渔船船型、机型和能耗调查,筛选和推广渔船节能技术和产品,降低渔船对能源的消耗水平。推广节约、高效、生态畜禽养殖技术。大力推进农村生活节能,加快省柴灶、节能炕和节能炉升级换代,推广高效低排省柴节煤炉具(炕)。推广保温、省地、隔热的新型建筑材料,发展节能型住房。

(2)农业循环经济技术研究与示范制度

选择有代表性的区域,在农户、乡村、园区、区域四个层面上开展循环农业技术、模式以及产业化的研究与示范,为我国循环农业的健康发展积累经验,也为我国制定正确的循环农业发展政策提供依据。

总结并集成我国循环农业的成功模式与技术。通过对我国现有的环境友好型农业技术和模式进行总结和分析,并在广泛借鉴发达国家循环农业发展的成功经验与模式的基础上,总结集成一整套适合我国农业资源与环境特点的循环农业技术和模式。并有针对性地选择适宜的农业生态类型区进行试点示范,建立和完善循环农业配套技术体系。最终形成相对完善的循环农业技术支撑体系,包括节水技术、节地技术、农业环境工程技术、废弃物资源化利用技术、清洁生产技术、农业资源循环利用技术等。

加大循环农业关键技术研究。要根据循环农业发展的需要,加大循环农业新产品、新技术和新模式的研究和开发力度,特别是注重资源的多级循环利用、农业绿色能源开发利用、农业废弃物及相关产业废弃物的资源化、农业清洁生产、节水农业等技术与模式的研发力度。如在种植业领域,研制和生产对环境温和的新型肥料和新型控释肥料、精准施肥等新技术;开发高效低毒、低残留的农药,用生物农药取代化学农药,以及对有害生物的生物治理等;开发秸秆综合利用新技术和新途径。在畜牧业领域,研发饲料生产中的添加微生物代谢产品、微生态制剂、微生物酶制剂和使用生态饲料提高饲料转化率技术;畜禽排泄物的治理和科学利用,减少氮和磷等主要有机物的排放等技术;畜禽粪便无害化处理技术。在农业用水领域,通过遗传改良提高作物对水分的利用效率,挖掘生物节水潜力技术;非常规水资源,包括雨水、污水、微咸水等开发利用技术等。

加快技术集成和技术标准制订与完善。要在研究基础上,组织专家和技术人员在不断总结各地实践经验的基础上,加快各类节约、循环型技术的遴选、集成、组装和配套,不断总结、完善和提高。同时建立和完善相关标准和规程,使广大农民学有标准,干有目标,实实在在应用于实际的生产和生活之中,真正得到实惠。建立促进循环农业发展的相关技术规范和标准,加大科技支撑力度。应尽快制定包括"农业清洁生产条例"在内的有关生产规范、农业废弃物再生利用的技术标准及技术规范、农业资源循环利用的评价标准等。

(3)农业循环经济发展的技术集成体系制度

发展农业高新技术产业,运用高新技术和先进适用技术改造和提升传统农业,通过发展"工厂化农业"的农业"制造化",不断提升农产品的技术含量,拓展农业空间的技术集成与创新,为发展农业循环经济提供技术支撑(宗颖生、赵晓强,2008)。近期,应重点在农业清洁化生产的技术链接、绿色生产技术和农业资源多级转化、资源节约高效利用与废弃物的资源化技术、循环农业技术标准规范、农村生态小城镇建设技术和农村生活消费绿色技术等层面,开展整合与集成研究,建立相对完善的推动循环农业发展的技术创新体系与技术示范推广体系。

9.3.3 农业循环经济发展模式的监管制度设计

协调制度的建设是保障农业循环经济顺利推进和相关制度发挥作用的必要手段。笔者认为可从以下几方面着手建设：

(1)建立农业循环经济发展的长效管理机制

构建长效管理机制是加强制度建设的必然结果。一是编制农业循环经济长远发展规划，不同发展阶段面临的资源环境问题不同，实施农业循环经济发展的目标和重点也不同。二是充分发挥政府和市场作用，进一步完善政府职能，即强化政府资源节约、环境保护等公共管理职能。三是确立新型的、基于环境资源的国民经济宏观管理体系，进行生态资本的核算。总之，需要加强协调引导和监督，建立政府、行业协会和企业之间新的合作关系，形成农业循环经济发展的长效管理机制。

(2)完善监管制度

加大依法监督管理的力度。各地区、各部门要认真贯彻落实《中华人民共和国清洁生产促进法》、《中华人民共和国固体废物污染环境防治法》和《中华人民共和国环境影响评价法》等有关法律法规。依法加强对农业资源集约利用的监督管理工作，引导农户、企业树立经济与资源、环境协调发展的意识，建立健全资源节约管理制度。

各县级以上城市应在政府部门中设立专门的机构来进行统一监管，通过对生产、消费和废弃物回收利用等各环节进行统一的、综合性的规划、规范、协调、组织和监管，根本改变生产部门只管生产，流通、商业部门只管消费，环境卫生部门只管垃圾清运、污水排放，物资回收部门只管收购的传统的管理体制和模式；将发展农业循环经济作为城乡的重要发展目标和政府的重要施政目标，将农业循环经济发展目标加以分解，建立起农业循环经济发展的干部目标责任制与考核制度，将对于农业循环经济发展的考核纳入各级领导干部任期目标责任制和政绩考核(刘荣章、翁伯琦、曾玉容，2007)。

各级环境保护部门要将发展农业循环经济与环境保护工作紧密结合，严格执行环境影响评价和"三同时"制度，逐步实行排污许可证制度；严格控制污染物排放总量，加强对企业废物排放和处置的监督管理，降低排放强度；鼓励有条件的企业在自愿的基础上，开展环境管理体系认证。

(3)构建农业循环经济预警管理系统

在农业循环经济系统中，对于既定的经济社会发展目标，输入端的物质投入量、输出端的废弃物排放量、资源利用率和循环利用率等都有一个合理的运行区域,如果超出了正常合理范围,农业循环经济系统将是不可持续的。因此,要在建立有关警戒标准的基础上,建立农业循环经济预警管理系统,以便及时采取调控手段,使经济社会发展处于安全区域内运行,即建立农业循环经济预警指标体系。

9.3.4 农业循环经济发展模式的法律制度设计

以建立农业生态补偿和技术补贴机制为切入点,完善循环农业发展的政策支持体系,构建政府推动、市场驱动和公众行动相结合的长效机制。推进循环农业立法进程,制订乡村环境清洁标准和农业清洁生产标准,把发展循环农业纳入规范化、制度化的轨道。

研究和加快制定相关法规和政策措施。重点是出台有关限制性法规和生态补偿性政策,对循环经济加以引导和规范,包括研究制定《农业清洁生产促进条例》和《禽畜粪便污染防控条例》等。推进对循环农业的立法工作,争取出台《循环农业发展条例》乃至《循环农业法》,以便通过权威性的法律法规,明确各参与主体在循环农业发展中的权利和义务,全面规范、指导、引领我国的循环农业建设,并形成强制的行为约束,为循环农业发展提供法制保障。至于《循环农业发展条例》或《循环农业法》的主要内容,则可以包括基本农田的规划,农业水资源的开发保护和利用,农业生态资源的保护利用,环境资源费的征收,农业废弃物的综合利用,循环农业的管理体制和运行机制等。

建立乡村物业管理法规体系,构建农村循环农业发展的长效机制。物业化管理是我国农村废弃物处理利用的一种全新的模式管理和运作机制。实施物业化管理不仅有利于发挥基础设施的投资效益,而且有利于转变农村生态环境建设方式,对推进农村废弃物处理资源化利用,培育和壮大农村环保产业化具有重要的战略意义。这项工作是一项全新的事业,不仅涉及广大农民群众的切身利益,而又面临着产业化和市场化的严峻考验,必须以建立有效的法规为基础加强管理,不断完善制度建设,保证规范运行。

9.4 我国农业循环经济发展模式的战略途径与保障措施

9.4.1 我国农业循环经济发展模式的基本思路

发展农业循环经济模式的两个基本思路:一是要用循环经济的运作规律来防治农业点源和面源污染;二是要以农业循环经济引导传统农业向工业型大农

业发展,引导资源耗费型农业向资源循环利用型农业转化。具体建议包括:

①切实转变农业经济发展传统理念,在农业生产中注重社会效益、经济效益和生态环境效益的统一。现行的农业经济发展模式对自然生态环境破坏严重,直接危及生存空间,必然导致经济停滞、下降。各级政府必须转变发展理念,农业生产的指导思想要进一步强调社会效益、经济效益与生态环境效益的统一,走"优质、高产、高效、可持续"的道路。

②打造农业循环经济发展框架。以"四个方面"为主线,形成循环经济框架,即以粮食及其他农副产品龙头加工企业为依托的加工企业循环经济链条;以畜牧、水产生产加工企业为依托的畜牧、水产加工循环经济链条,大力发展绿色、有机、无公害原料,加工企业要采取先进节能、无污染技术改造传统工艺,提高企业的比较效益;以林业及其加工业为依托的林业循环经济链条;以秸秆综合利用为重点的秸秆循环经济链条(曲格平,2002)。

③加快传统农业向工业型大农业发展的步伐,培植农业循环经济载体。一方面,搞好循环型农业工业园区建设。制定农副产品加工企业聚集的工业园区发展规划,以生产要素为纽带,将具有上下游共生关系的农副产品加工企业集中在一个相对封闭的园区内,实现有害污染物在园区内的闭路循环;另一方面,做好农副产品出口基地园区建设。大力推进出口农产品的清洁生产,使农副产品达到质量、环保等方面的国际标准。

④进一步探索农业节本增效新途径,逐步实现粗放农业向精准农业的转变。如实施"藏粮于土"、"藏粮于科技"战略,保持和提高我国的粮食综合生产力,处理好农业结构调整、农民增收和粮食安全的矛盾;进一步调整优化农业结构,加快优势产业带建设,发挥集约种植优势,提高规模效益;推广立体种植和间作套种技术,不断提高复种指数,提高耕地的综合产出效率;做好测土配方平衡施肥技术的推广和应用,配合滴灌技术,逐步实现粗放农业向精准农业的转变。

9.4.2 我国农业循环经济发展模式的战略途径

以科学发展观统领社会经济发展全局,全面推动节约型社会发展和社会主义新农村建设,从农业产业与农村消费的可持续发展与整体推动农村经济协调发展的角度,遵循"无害化、低排放、零破坏、高效益、可持续、环境优美"的思路,统筹规划农业与农村产业、农村生产与生活、农村社区建设与城镇化发展,以发展资源节约型农业、农业产业化过程的清洁生产、农业废弃物的资源化利用和农村生活清洁消费为切入点,推动农业生产技术范式和组织方式的变革,构建循环型农村经济体系。

在农业资源利用方面,实行节约化利用,以提升水资源、土地资源和农业投入利用效率为切入点,从节水、节地、节能、节肥、节药、节劳等方面赋予传统型农业新的成本节约理念,提高农业资源循环利用和农业可持续发展能力。

在农业废弃物处理方面,实行资源化利用。实现种植业生产所积累的生物资源全程化利用,畜禽养殖业低排放与粪便资源化利用。除传统的沼气利用外,尤其要探索生物质能、微生物资源、畜禽粪便最经济利用的新思路,进行循环利用和资源化开发。

在农业产业链延伸方面,实行清洁生产,使上一环节的废弃物作为下一环节的资源,增加价值链条,拓展农业产业化空间。重点关注农业产业循环链的内生延伸与产业联动,加强农业产业循环链整合思路、途径与模式,拓展农业产业化经营领域。拓展农业产业化空间是广大农村地区经济持续增长的源泉。壮大县域经济、增加农民收入是发展循环农业的关键切入点。

在农村社区建设方面,着力建设循环型社区,开发沼气、太阳能等可再生利用能源,减少外部能量输入,通过农村生活垃圾处理,实现农村社会生活的"清洁化"消费,同时为建设社会主义新农村,切实推动农业与农村基础设施建设,改善农村生活环境。

9.4.3　我国农业循环经济发展模式的保障措施

构建社会主义和谐社会,大力发展农业循环经济,推动社会主义新农村建设,当前应着重开展以下几个方面的工作。

(1)研究制定农业循环经济发展规划

在综合调研的基础上,深入了解我国的农业资源和农村环境状况,以农村可再生能源开发、农业资源高效利用、农业废弃物资源化转化和农村社区"清洁化"建设为重点,明确未来农业循环经济发展的思路、目标和任务,确定不同地区农业循环经济发展的主流模式和重点方向,提出相关配套措施,争取国家财政支持。要在科学分析和全面调研基础上,制定我国农业循环经济发展规划。总结适宜不同类型地区的农业循环经济发展模式和技术,按照自然资源状况和经济社会条件,考虑各地区农业生产结构和生产方式,优先在农业高度集约地区、生态脆弱地区、重要饮用水源地、南水北调东中线沿线等地区制定节地、节水、可再生能源利用、废弃物资源化利用和清洁生产等专项规划,启动农业循环经济建设。

(2)加强政府机制在农业循环经济中的作用

发展循环经济是一项具有全局性、长期性、战略性的任务,需要各方面的共同努力,而其所需的组织者和协调者对政府来说责无旁贷,并且只有政府才能承担起这一艰巨的任务。因而,发展农业循环经济要由政府出面组织生态经济领域专家对循环经济如何与农业发展实践结合问题进行深入研究,并制定科学合理的经济、社会、自然协调发展规划,提出切实可行的、推动循环经济发展的具体措施,并结合实践情况总结经验,制定出有利于生态建设的干部考核指标,杜绝仅把经济增长的 GDP 作为唯一考核标准的现象。

(3)调整农业结构,优化农业经济布局

用循环经济理念指导区域农业发展,根据各个地区的自然资源禀赋和农业结构特点,合理调整我国农业的区域布局,建构区域循环农业体系。开展农业的专业化生产与区域布局,建立发展农业循环经济所要求的适度经营规模和产业聚集,为农业产业链延伸、农业"废弃物"资源综合利用与产业化开发提供"原材料"基地。推动农村小城镇建设,为生活垃圾处理,创造优美的生活环境提供良好的基础。

(4)建立多元化的投入机制,建设农业循环经济示范工程

"十一五"期间,配合社会主义新农村建设,以循环经济理念为指导,建立以国家投入为引导的多元化投入体系,在农业资源循环利用、农作物秸秆与畜禽的粪便资源化与无害化处理、农产品加工过程中的清洁生产与产业链整合、农村社区"清洁化"建设、生物质能的综合开发、微生物资源的循环利用等方面在全国建设若干个示范工程,探索农业循环经济发展的新模式和不同区域类型的农业资源利用新方式,促进农业循环经济的理念深入基层和农村社会的日常生活。

(5)加强制度创新,为发展农业循环经济创造良好的政策环境

当前,国家有关部门应大力推进制度创新,完善有利于农业循环经济发展的政策和法律体系,增加农业的财政投入,推动农村金融市场化改革,建立农业循环经济的推进组织,加强农业基础设施建设和农业环境管理,为农业循环经济提供一个良好的发展环境。同时,应大力推进农村社会化服务体系建设,与国家层次的循环经济立法相呼应,亟待建立我国农业循环经济发展的法律保障体系,制定相应的政策保障体系与扶持措施。近期应尽快启动循环农业促进法的前期工作,从税收、金融保障、财政补偿等方面制定农业循环经济发展的优惠政策,提出切实有效措施推动农村基础设施建设(朱鹏颐,2006)。尽快制定并颁布农业清洁生产管理办法,制定乡村环境清洁标准和农业清洁生产标准,把发展农业循环经济、建设节约型农村社会依法纳入规范化、制度化管理的轨道。

(6)加强农业循环经济发展的国际合作与交流

围绕促进我国农业循环经济发展的需要,有计划地与相关国家开展人员互

访、交流研讨等活动,学习借鉴国外循环农业的发展经验。积极开展相关项目与技术研发国际合作,引进国际资金、技术和管理经验,提升我国循环农业项目管理水平和技术研发能力。加强对国外农业循环经济发展模式、经验、做法跟踪比较研究,结合我国国情,探索完善我国农业循环经济发展的投资、金融、价格、财税和收费政策,改进发展模式。加大对国外发展农业循环经济核心技术的引进消化吸收力度,加快研发符合我国农业循环经济发展实际需要的新技术、新工艺和新设备。

(7)加大宣传教育,树立农业循环经济发展理念

各级政府和农业行政主管部门必须对农业循环经济发展有全新的认识。一是要认真学习,深刻领会,并不断通过实践把农业循环经济思想和模式有效地运用于农业生产实践中去;二是要加大宣传力度,要通过广播、电视等新闻媒体广泛宣传,使广大干部和农民群众能够变成一种自觉的行动,营造良好氛围;三是要普及推广各类农业循环经济发展的新技术,重点利用广播、卫星电视、网络、光盘等现代媒体与技术,结合宣传卡片、村务公开栏、科技入户等形式,对广大技术人员、农民示范户,开展更实际、更便捷、更有效地培训。切实做到"政策措施落实到村,技术要领普及到户",把农业资源的循环利用、农村环境污染控制有效地应用于生产和生活之中。

10 结语及建议

目前,我国农业循环经济发展面临宽松良好的宏观环境。在这样的历史背景下,选择合适的农业循环经济发展模式,走可持续发展之路,无论在实践还是理论上都有着十分广阔的探索空间。本章结合当今经济发展趋势,对未来农业循环经济发展进行展望,并对下一步关于农业循环经济发展的研究提出了建议。

10.1 结语:农业循环经济发展的前景

20世纪90年代以来,面对全球人口剧增、资源短缺、环境污染和生态蜕变的严峻形势,可持续发展成为全世界的必然选择。而循环经济模式兼顾了经济社会发展与资源节约、环境保护的目标,为正确处理可持续发展的三大支柱——经济发展、社会进步和环境保护之间的关系指明了方向,发达国家纷纷把大力发展循环经济作为实现可持续发展战略的具体途径。

循环经济以资源的高效利用和循环利用为核心,以"减量化、再利用、再循环"为原则,以"低消耗、低排放、高效率"为基本特征,是对"高消耗、高排放、高污染、高产出、低效率"传统发展模式的根本变革。我国人口众多,资源相对贫乏,生态环境脆弱。在资源存量和环境承载力两个方面都已经不起传统经济形式下高强度的资源消耗和环境污染。如果继续走传统经济发展之路,沿用"三高"(高消耗、高能耗、高污染)粗放型模式,以末端处理为环境保护的主要手段,那么只能阻碍我国进入真正现代化的速度。从长远角度来看,良性循环的社会应从发展阶段开始塑造,才不会走弯路,才会得到更快的发展。走循环经济之路,已成为我国社会经济发展模式的必然选择。

我国从上个世纪 90 年代开始引进循环经济理念,国家把倡导循环经济视为实现可持续发展的重要途径、落实科学发展观的必然选择和重大战略性举措,对循环经济进行了许多有益的探索,取得了一定的成效。而农业在我国的基础性地位决定了循环经济模式在农业上运用的重要性。我国作为农村人口比重很大的农业大国,跟工业化城市化程度很高的西方国家相比是有很大差别的,而"三农"问题的解决一定范围、一定程度上有赖于发展循环经济(严少华,2006)。因此,在我国,发展循环经济一定要重视农村和农业,要把发展农业循环经济放在特别突出或重要的地位,并且通过探索发展农业循环经济的途径及对策,来推动"三农"问题的解决,实现农村经济的可持续发展。

农业循环经济是在循环经济理念和可持续发展思想指导下出现的新型农业经济发展模式,它摒弃了传统农业的掠夺性经营方式,把农业经济发展与生态环境保护有机地结合起来,从而成为农业经济和国民经济可持续发展的重要形式。农业循环经济是采用农业资源减量消耗、农产品多次利用和农业有机废弃物资源化的闭合循环生产模式的新型农业。它是把农业生产、农产品加工和农业废弃物通过产业链有机地组合在一起,形成资源低投入低消耗,产品互为原料、多次使用,废弃物再利用,实现废弃物资源化的周而复始的循环经济体系。农业循环经济强调在农业产生过程和产品生命周期中,减少资源、物质的投入量和减少废物产生的排放量,实现农业经济和生态环境效益的统一。在保护农业生态环境和充分利用高新技术的基础上,调整和优化农业生态系统内部结构及产业结构,提高农业系统物质能量的多级循环利用,严格控制外部有害物质的投入及农业废物的产生,最大程度地减轻农业生产及农村生活对环境的污染,使清洁生产技术和高效物流、能流循环真正纳入农业生态系统循环中,实现生态的良性循环与农业经济的可持续发展。农业循环经济是走向集中和联合的一种新型的农业生产经营方式,它符合现代产业发展的客观规律。农业循环经济的发展不单纯是农业的延伸、效益的放大和农民增收的重要途径,也是缓解农业资源压力、保护生态、清洁环境、促进农业和农村经济可持续发展的战略举措。因此,我们必须根据我国国情和针对农业发展过程中出现的问题,找到一条适合我国农业发展的农业循环经济道路,进而实现我国农业可持续发展的战略目标。

10.2 建议

综观我国农业循环经济的研究成果,主要是理论上的阐述,特别集中在关于农业循环经济的概念和内涵的研究上,深入实际的具有可操作性的成果较少。

与发达国家相比,我国无论在循环经济的理论研究还是在实践方面,都存在着较大差距。从总的来看,源于对传统农业环境后果的反思以及受循环经济思想的启发而提出的"中国循环型农业",目前甚至还没有比较明确、统一的定义,全国上下就农业发展循环经济方面的研究,基本上还处于理解性或者概念性的初始发展阶段,尤其是对于物质循环和价值增值等揭示农业循环经济最本质内容的量化研究和系统分析更是难得一见,仍有许许多多的理论、技术、政策以及法律法规等方面问题亟待学术界研究解决。为此,对于如何在市场经济条件下进一步深化我国的农业循环经济研究,作者提出自己的建议如下:

一是组织专门机构,加大资金的投入,加强农业循环经济方面的理论研究。可以由国家有关部门牵头,组织一个课题组,选取来自各个相关方面的专家,进行集中研究,避免力量的分散,集中众人的智慧,尽快在理论上形成一批有价值的理论成果。同时加大投入,设立专项基金,用于从事农业循环经济方面的研究。

二是紧密结合我国农村经济的特点,探索赋予"三农"政策新的内容。农业的出路需要解决农民的生存问题,优化他们的生存环境,因此,研究必须针对我国新农村建设的实际问题,开展农业循环经济的研究,争取早日开发出一批实用性强的研究成果,为我国农业循环经济发展提供强大的动力。

三是要完善我国的立法,尤其是农业、环境保护方面的立法,为农业循环经济的顺利发展提供有力的法律保障。这方面,可以充分借鉴日本、德国等发达国家的经验,结合我国的国情进行,尽快制定我国的循环经济法(杨春平,2005)。

四是要完善农业循环经济教育机制,加快农业循环经济方面人才的培养。一方面包括广大农民在内的人民群众亟待提高农业循环经济发展意识,另一方面我国当前进行新农村建设,关键是人才,主要是农业循环经济研究人才和应用人才。这一点从宁海农业循环经济园区的实践经验中得到了证明。研究方面的人才即专家和农业循环经济应用人才,是推广发展农业循环经济的先锋力量,此外,我国需要能够应用农业循环经济技术成果的中级和基层技术人员,还有数以亿计的高素质的新型农民。

针对我国农业循环经济存在的问题,应该采取以下措施进一步深化和发展我国的农业循环经济研究。具体来说,一是迫切需要对循环型农业进行更系统、深入的理论分析和科学解释,真正理解和把握农业循环经济丰富的科学内涵及其发展方向;二是鉴于各地丰富多彩的实践已在某种程度走在了理论研究的前面,对各地比较有代表性的循环型农业发展模式,如:立体农业,农业生产物质循环利用(如规模化养猪业等),土地、技术、资本和劳动力等要素的优化配置模式

（如休闲观光农业），农业第一、二、三产业的产业链连接模式（如新型农业产业化），以及生物能的开发利用（循环农业发展的新领域）等，进行更系统、深入的分析与研究（主要进行物质代谢分析及经济效益核算等，重点突出案例中的循环过程和效益评价及生态性三个方面），努力做到既总结经验，与理论研究相呼应，又努力发现不足，并提出改进建议或措施，也是非常迫切和有益的；三是在全国还没有出台统一的、标准的循环型农业评价指标体系之前，对循环型农业进行全方位探索和多视角的科学研究，逐步建立一个适合当地特点的农业循环经济评价指标体系与发展规划，也是学术界需要大力研究的现实课题；四是人们还应从各地资源及环境等禀赋以及当前循环型农业发展的实际出发，有选择地分析、比较有关国家或国内先进地区（包括台湾地区）循环型农业发展的一般经验与教训，从宏观、中观和微观的层面，对循环型农业的发展战略与制度（政策）创新进行研究，为农业循环经济建设提供扎实的理论依据与实践指导。

B 参考文献
ibliography

[1] Kenneth Richards, 2004, "A Review of Forest Carbon Sequestration Cost Studies", A Dozen Years of Reseaech, Climatic Change 63.

[2] Islam, S. M. . N, 2005(07), "Economic Modelling in Sustainability Science", Issues, Methodology, and Implications Environment, Development and Sustainability.

[3] Joy Ogaji, "Sustainable Agriculture in The UK, Environment", Development and Sustainability.

[4] Macfadyen. A, 1970, "Simple methods for measuring and maintaining the Proportion of Carbon dioxide in air", for use in ecol cal studies of soil respiration, Soil Biol. Bioehem.

[5] M. A. Cole, A. J. Rayner, 1997 (4): "The environmental Kuznets Curve", all empirical analysis, Environ. & Dev. Eco.

[6] Douglas G, 1984, "Agricultural Sustain ability in a Changing", World Order, Westview Press, Boulder.

[7] Brown B. J, Hanson ME, Meredith, 1987, "Jr RW. Global Sustain ability", Toward Definition, Environmental Management.

[8] Highfill J, 2001, 43(4), "Measey M. An applieation of optimal control to the eeonomies of reeyeling", SIA M Review.

[9] Wasile, 2003(30), "Golden B. Celebrating 25 years of AHP based deeision making", Computers and Operations Research.

[10] Kenneth E. Boulding, 1966, "The Eeonomics of The Coming Speeeship Earth", in Henry Jarretted Environmental Quality in a Growing Eeonomy, Baltimore MD, Resourees for the Future,

Johns Hopkins University Press.

[11] Haque A. , I. M. Mujtaba, J. N. B. Bell, 2000, "A simple model for complex waste recycling scenarios in developing economies" Waste management, (20): 625—631.

[12] Heeres, R. R. , W. J. V. Vermeulen, F. B. de Walle, 2004, "Eco-industrial park initiatives in the USA and the Netherlands first lesson", Journal of cleaner production, (8—10): 985—995.

[13] Hong-Bin Xu, Yi Zhang, Zuo-Hu Li, Shi-Li Zheng, Zhi-Kuan Wang, Tao Qi, Hui-Quan Li. 2006, "Development of a new cleaner production process for producing chromic oxide from chromite", Journal of cleaner production, (14): 211~219.

[14] Janis Gravitis, Janis Zandersons, Nikolai Vedernikov, Irena Kruma, 2004, "Ozols-Kalnins. Clustering of bio-produces technologies for zero emissions and eco-efficiency", Industrial crops and products, (20): 169—180.

[15] Lambert A. J. D. , 2002, "F. A. Boons. Eco-industrial parks: Stimulating sustainable development in mixed industrial parks", Technovation, (22): 471—484.

[16] Lingmei Wang, Jintun Zhang, Weidou Ni, 2005, "Energy evaluation of Eco-Industrial Park with Power Plant", Ecological modeling, (189): 233—240.

[17] Nigel Jollands, Jonathan Lermit, Murray Patterson, 2004, "Aggregate eco-efficiency indices for New Zealand-a principal components analysis", Journal of environmental management, (73): 293—305.

[18] Niggli, U. , W. Lockeretz, 1996, "Development of research in organic agriculture. In: Stergaard T. eds", Proceedings of the 11th IFOAM International Scientific Conference on Fundamentals of Organic Agriculture, (1): 11—15.

[19] Pearce, D. W. , R. K. Turner, 1990, "Economics of Natural Resources and the Environment" Printed in Great Britain.

[20] Perry Pei-Ju Yang, Ong Boon Lay, 2004, "Applying ecosystem concepts to the planning of industrial areas", a case study of Singapore's Jurong Island. Journal of cleaner production, (12): 1011—1023.

[21] Qinghua Zhu，P. C. Raymond，2004，"Integrating green supply chain management into an embryonic eco-industrial development：a case study of the Guitang Group"，Journal of cleaner production，(12)：1025－1035.

[22] Roberts Brian H. 2004，"The application of industrial ecology principles and planning guidelines for thedevelopment of eco-industrial park：an Australian case study"，Journal of cleaner production，(8～10)：997－1010.

[23] 卞有生:《生态农业中废弃物的处理与再生利用》,化学工业出版社 2005 年版。

[24] 刘青松,张咏,赫群英:《农村环境保护》,中国环境科学出版社 2003 年版。

[25] [日]泽田克已:《再生利用与竞争政策》,北京大学出版杜,2001 年版。

[26] [日]宫本宪一著,朴玉译:《环境经济学》,生活. 读者. 新知三联书店,2004 年版。

[27] 陶在朴:《生态包袱与生态足迹》,经济科学出版社 2003 年版。

[28] 王如松:《复合生态与循环经济》,气象出版社 2003 年版。

[29] 李文华:《生态农业——中国可持续农业的理论与实践》,化学工业出版社 2003 年版。

[30] 张文红,陈森发:《混合指标层次模糊决策法及其在农村循环经济建设中的应用》,《东南大学学报(自然科学版)》2004 年第 3 期。

[31] 马其芳,黄贤金,彭补拙等:《区域农业循环经济发展评价及其实证研究》,《自然资源学报》2005 年第 6 期。

[32] 朱鹏颐:《发展农业循环经济的策略探讨》,《福建农林大学学报(哲学社会科学版)》2006 年第 3 期。

[33] 胡桂兰:《发展循环经济——给地球疗伤》,《生态经济》2006 年第 1 期。

[34] 李建林,严泰来:《农业循环经济发展的热点领域与技术》,《地球信息科学》2007 年第 1 期。

[35] 黄绿箔,吕欣苗:《推进循环经济发展促进土地可持续利用》,《生态经济》2004 年第 12 期。

[36] 李玉明:《黑龙江循环农业发展模式探讨》,《合作经济与科技》2005 年第 1 期。

[37] 吴国庆:《新阶段浙江农业科技发展的思路和对策》,《浙江农业学报》2002 年第 1 期。

[38] 郭铁民,王永龙:《福建发展循环农业的战略规划思路与模式选择》,《福建

论坛：人文社会科学教育版》2004 年第 11 期。

[39] 韩宝平，孙晓菲：《循环经济理论的国内外实践》，《中国矿业大学学报（社科版）》2003 年第 1 期。

[40] 王鲁明：《资源循环型农业理论的探索与实践》，《中国环境管理学院学报》2005 年第 2 期。

[41] 牛桂敏：《循环经济评价体系的构建》，《城市环境与城市生态》2005 年第 2 期。

[42] 孙怀通，张伟红：《国外循环经济的发展对我国的启示》，《商业现代化》2006 年第 1 期。

[43] 宋亚洲，韩宝平：《农业循环经济发展模式与对策初探》，《现代农业科技》2006 年第 1 期。

[44] 戴丽：《云南农业循环经济发展模式研究》，《云南民族大学学报：哲学社会科学版》2006 年第 23 期。

[45] 李孝坤：《重庆三峡库区生态经济区特色农业发展探析》，《中国农业资源与区划》2006 年第 4 期。

[46] 冯之浚：《循环经济与立法研究》，《中国软科学》2006 年第 1 期。

[47] 陈良：《农业循环经济的客观必然性与模式选择》，《农村经济》2006 年第 10 期。

[48] 刘荣章，翁伯琦，曾玉荣等：《农业循环经济发展的基本原则与模式分析》，《福建农林大学学报（哲学社会科学版）》2006 年第 5 期。

[49] 高国力：《如何认识我国主体功能区划及其内涵特征》，《中国发展观察》2007 年第 3 期。

[50] 于善波：《农业循环经济发展模式与对策研究》，《佳木斯大学社会科学学报》2006 年第 9 期。

[51] 袁冬梅，刘建江，张显春：《论循环经济与我国利用外资的协同发展》，《世界经济研究》2006 年第 9 期。

[52] 苏胜强，黄祖辉：《可持续发展理论及其模式》，《农业现代化研究》1999 年第 1 期。

[53] 吴季松：《循环经济的主要特征》，人民日报 2003 年 4 月 11 日。

[54] 陈佑启，陶陶：《论可持续农业的评价指标》，《农业现代化研究》，2000 年第 5 期。

[55] 史小红：《循环农业及发展模式研究》，《河南教育学院学报》2007 年第 4 期。

[56] 孙颔，沈煜清，石玉林等：《中国农业自然资源与区域发展》，江苏科学技术

出版社 1994 年版。

[57] 汤天滋:《主要发达国家发展循环经济经验述评》,《财经问题研究》2005 年第 2 期。

[58] 唐中彦:《试谈庭院化经济的生产模式》,《农业经济》2005 年第 11 期。

[59] 王春祥等:《四位一体生态农业模式及其应用》,《生态农业研究》1998 年第 1 期。

[60] 王惠生:《北方"四位一体"生态种养模式》,《科学种养》2007 年第 1 期。

[61] 王军,王文兴,刘金华:《可持续发展战略的新探索——循环经济》,《中国人口·资源与环境》,2002 年第 4 期。

[62] 陈德敏,王文献:《循环农业——中国未来农业的发展模式》,《经济师》2002 年第 11 期。

[63] 吴季松主编:《循环经济综论》,新华出版社 2006 年版。

[64] 吴铭,蟹岛:《走可持续发展之路的典范》,《科技潮》2003 年第 10 期。

[65] 吴天马:《循环经济与农业可持续发展》,《环境导报》2002 年第 4 期。

[66] 曾艳华:《建立促进我国循环农业发展的长效机制》,《学术论坛》2006 年第 7 期。

[67] 张尔俊:《中国实用生态农业》,团结出版社 1991 年版。

[68] 张贵友:《技术创新与循环农业发展》,《技术经济》2006 年第 5 卷第 9 期,第 8—50 页,第 94 页。

[69] 朱跃龙,吴文良,霍苗:《生态农村——未来农村发展的理想模式》,《生态经济》2005 年第 1 期。

[70] 朱珍华:《北京蟹岛生态度假村生态模式及效益分析》,《农业环境与发展》2005 年第 4 期。

[71] 诸大建:《从可持续发展到循环型经济》,《世界环境》2000 年第 3 期。

[72] 肖玲,林琳:《"绿岛模式"研究——循环农业企业案例分析》,《地理科学》2006 年第 6 卷第 1 期,第 107—110 页。

[73] 许海玲,李珊,付秀平,于冬梅,黄业中:《蟹岛循环经济示范区水资源化处理模式与应用》,《地球信息科学》2007 年第 9 卷第 1 期,第 107—110 页。

[74] 宣亚南,欧名豪,曲福田:《循环型农业的含义、经济学解读及其政策含义》,《中国人口资源与环境》2005 年第 15 卷第 2 期,第 27—31 页。

[75] 严少华:《现代循环农业产业化模式的实践与探索》,《江苏农村经济》2006 年第 11 期。

[76] 严志业,刘建成:《循环农业:原理与实践——以福建圣农集团为例》,《福建

论坛－人文社会科学版》2005年第10期。

[77] 杨春平:《发达国家发展循环经济的基本经验》,《求是》2005年第18期。

[78] 杨明轩:《国外工业生态园的启示》,《国土经济》2002年第12期。

[79] 叶峻:《社会生态学的基本概念和基本范畴》,《烟台大学学报(哲学社会科学版)》2001年第14卷第3期,第250－258页。

[80] 叶谦吉:《生态农业》,重庆出版社1988年版。

[81] 曾培炎:《中国西部开发信息百科》,科学技术出版社2003年版。

[82] 吴季松:《循环经济概论》,北京航空航天大学出版社2008年版。

[83] 方杰:《四川农业循环经济与新农村建设研究》,西南财经大学出版社2007年版。

[84] 杨聪:《区域优势整合—论西部经济的统筹发展》,民族出版社2004年版。

[85] 陈洁:《西部发展循环经济的对策研究》,西南农业大学出版社2004年版。

[86] 宗颖生,赵晓强:《农村循环经济建设指引》,中国社会出版社2008年版。

[87] 刘荣章,翁伯琦,曾玉容,2007:《农业循环经济:政策与技术》,中国农业科学技术出版社。

[88] 曲格平:《发展循环经济是21世纪的大趋势》,《当代生态农业》2002年。

[89] 赵涛,徐凤君:《循环经济概论》,天津大学出版社2008年版。

[90] 任正晓:《农业循环经济概论》,中国经济出版社2007年版。

[91] 陶在朴:《生态包袱与生态足迹》,经济科学出版社2003年版。

[92] 王如松:《复合生态与循环经济》,气象出版社2003年版。

[93] 李文华主编:《生态农业——中国可持续农业的理论与实践》,化学工业出版社2003年版。

[94] 王志刚:《市场、食品安全与中国农业发展》,中国农业科学技术出版社2006年版。

[95] 陈绍军,林升清:《食品进出口贸易与质量控制》,科学出版社2002年版。

[96] 张汉林:《农产品贸易争端案例》,经济日报出版社2002年版。

[97] 北京社科院中国总部经济研究中心:《中国总部经济蓝皮书》之《2005—2006:中国总部经济发展报告》2007年。

[98] 黄健康:《产业集群论》,东南大学出版社2005年版。

[99] 刘斌:《产业集聚竞争力优势的经济分析》,中国发展出版社2004年版。

[100] 魏江:《产业集群—创新系统与技术学习》,科学出版社2003年版。

[101] 王自亮,钱雪亚:《从乡村工业化到城市化》,浙江大学出版社2003年版。

[102] 杨晓明:《环境成本内在化与国际绿色贸易》,《国际贸易问题》2001年第

9 期。

[103] 杨晓明:《基于博弈论视角的农产品质量安全分析》,《经济体制改革》2009 年第 3 期。

[104] 孙东升,庄丽娟:《比较优势、竞争优势与农业国际竞争力分析框架》,《农业经济问题》2004 年第 3 期。

[105] 潘文卿:《面对 WTO 中国农产品外贸优势及战略选择》,《农业经济问题》2000 年第 10 期。

[106] 曾玉荣,张文棋:《海峡两岸农产品竞争力比较、分析与产业合作》,《福建农林大学学报(哲学社会科学版)》2003 年第 6 期。

[107] 杨晓明:《农业企业融资分析》,《企业家信息(中国人民大学复印资料)》2009 年第 6 期。

[108] 张立富,张锦梅:《农产品质量安全问题及对策探讨》,《农业经济》2002 年第 12 期。

[109] 吕巧枝:《我国农产品质量安全现状与发展对策》,《中国食物与营养》2007 年第 4 期。

[110] 王超:《总部经济及对其发展的思考》,《当代财经》2005 年第 2 期。

[111] 邓志新:《政府在发展总部经济进程中的作用及对策》,《现代经济探讨》2006 年第 2 期。

[112] 徐康宁:《开放经济中的产业集群与竞争力》,《中国工业经济》2001 年第 11 期。

P 后 记
ostscript

　　从 1998 年从事与该课题相关的调研工作起,不觉已过去十余载。1998—2001 年近三年时间我在江西省赣州市组织部的支持下完成了"赣州农村经济产业发展研究"的课题。期间对该市下属的十二个县的农村进行了调查,当时的调查内容主要是农村经济产业发展情况。被抽样调查的有大余县池江乡、青龙镇,赣县的梅岭镇,于都县的葛坳乡、银坑镇,兴国县梅江镇、高兴乡,瑞金县的瑞林乡,章贡区的水南乡、水东镇及其他几个县的乡镇。当时这些乡村正在推行沼气建设,打造猪圈-沼气-养(种)殖-室内照明的循环发展经济模式,这种发展模式取得了一定的成效,至少部分解决了农村的晚间照明问题,在没有实现"村村通电"的背景下有一定的意义。然而,这种政府主导的发展模式受到了一定的束缚:首先,农民建设沼气池的积极性不高,因为每个沼气池的建设费用在 1500 元以上,这在当时人均年收入不到 1000 元的农村是一笔较大的开支;其次,缺乏合适的示范效应,并没有一个成功的案例,没有能证明这种方式可以引导农民发家致富。

　　由于受到粗放式工业发展的影响,2002 年起我国开始面临严重的生态危机,出口贸易遭遇了前所未有的困难。2004—2006 年我对浙江省五个县市的农产品生产贸易企业或乡镇做了调查,包括浦江县下属的黄宅镇、郑宅镇及杭州茶叶进出口公司、杭州桐庐蜂之语公司、江山恒亮蜂业集团、杭州西湖龙井村等。这些地方或企业大多是农产品出口基地或出口龙头,通过对它们生产基地的调查,我们发现它们的生产方式有了巨大改善。以杭州桐庐蜂之语公司为例,它们通过与蜂农建立合作,以清洁生产为特点的生产链建立起来了。然而,不足之处是,循环农业经济的发展仍然受到制度上的障碍:农业生产技术的外部性问题没有得到有效解决;土地的流转制度缺失;政府支持不足,政府部门对农民的普惠制补贴对于建立循环农业经济的贡献并不明显。

2008—2010 年,我对宁海县进行了调研,该县在长街、力洋、胡陈三个镇乡之间建立了一个 10 万亩东海岸农业循环经济示范区。"试验田"的三级循环获得了较大成功。宁海的成功经验告诉我们,农业循环经济的发展不是简单的生态经济,更不是回归到"原始农业",延伸产业链,实现产业化的农业循环经济应该是我们未来的主要发展方向。

从 2007 年起开始撰写,到目前完稿,本文的写作过程历时 4 年多。在写作过程中自始至终得到武汉理工大学周军教授的悉心指导,在此我谨对周老师的辛勤劳动表示深深的谢意!为了获取第一手资料,前后计 30 余次深入企业和乡村调研,与广大农村干部、农民和农业企业单位领导交流,他们与我耐心细致的交流不止一次激发了我的灵感,在此我谨对他们的支持和帮助表示衷心的感谢!

杨晓明

2011 年 2 月

图书在版编目（CIP）数据

农业循环经济发展模式理论与实证研究／杨晓明著.
—杭州：浙江大学出版社，2011.5
ISBN 978-7-308-08717-9

Ⅰ.①农…　Ⅱ.①杨…　Ⅲ.①农业资源－资源经济学
－研究－中国　Ⅳ.①F323.2

中国版本图书馆 CIP 数据核字(2011)第 092287 号

农业循环经济发展模式理论与实证研究
杨晓明　著

责任编辑	周卫群
封面设计	刘依群
出版发行	浙江大学出版社
	（杭州市天目山路 148 号　邮政编码 310007）
	（网址:http://www.zjupress.com）
排　　版	杭州中大图文设计有限公司
印　　刷	浙江云广印业有限公司
开　　本	710mm×1000mm　1/16
印　　张	11
字　　数	197 千
版 印 次	2011 年 5 月第 1 版　2011 年 5 月第 1 次印刷
书　　号	ISBN 978-7-308-08717-9
定　　价	26.00 元